盆踊りにて

今から四年前の夏、E君が住む地区の盆踊り大会でのこと。

その日、彼は消防団の一員として、会場の見回りにあたっていた。

「つっても田舎の盆踊りですからね、そんなに人出があるわけでもないんで、消防団の法被《はっぴ》を着て、ウロウロしているだけでしたけど」

中央に組まれたやぐらの周りを輪になって踊る婦人会の人達。

それに混じってはしゃいでいる小学生ぐらいの子供。

ずらりと並んだ夜店の前では、親子連れや中高生のカップルが楽しそうにしている。

「いたって平和な風景でした、俺もビールでも飲もうかなぐらいの感じで」

安全に気を配りながら、会場を行ったり来たり。

漂う食べ物の匂いにつられ、ふらふらと夜店に近づいた時だった。

「幼稚園ぐらいの小さい子供が駄々をこねていたんです」

お面を売る店の前で「アレが欲しい！」と主張し、母親を困らせている。

「まぁ、こういう会場ではよくあることですし、子供可愛いなと思って」

頑張れ頑張れと心の中で駄々っ子を応援しながら、それとなく様子を伺っていた。

どうやら、母親は子供にお面を買ってあげるつもりではあるらしい。

しかし、何段にもわたりズラリと配置されたお面のうち、子供がどれを欲しがっているのかわかりかねて困っている様子。

「お面屋のおっさんも『コレ？　コレかな？』って何度も確認してて」

しかし、子供は一向に首を縦に振らない。

困り顔のお母さんとお面屋の店主。

「いや、俺も気になって、どれが欲しいって言ってるんだろうと」

E君はそれとなく子供の後ろに回り込んで、彼の小さな指が差し示す方向を見た。

隣の綿アメ屋との間、夜店の間にぽっかりと空いたスペースに老人の顔がある。

――え？

並んでいるキャラクターのお面とは比べものにならないほど精巧な造り。

それは納棺された遺体の顔のように真っ白に浮かび上がっている。

「なんだありゃ？　って思ったら」

——ぎゃあああああ、おじいちゃん！

叫んで声を震わせ、子供の母親が腰を抜かすようにへたりこんだ。

驚いたお面屋が表に回り込んで母親の目線を追うが、その頃には——「叫び声があがった途端にスッと消えたんで、お面屋にはわかんなかっただろうなと」

子供は、そんな母親の様子を見て、なぜかゲラゲラと笑っている。

ビックリして固まっているE君とへたりこんでいる母親の周りを、何がなんだかサッパリといった表情で、冷ややかに通り過ぎて行く参加者たち。

そしてその横で、いかにも楽しそうに笑っている子供。

やがて母親は恥ずかしそうに立ち上がると、お面屋に何度も頭を下げ、適当なお面を購入して無理矢理子供に被せると「行くよ」と手を引いた。

子供は、母親に手を繋がれて、ぴょんぴょん跳ねながら歩いて行く。

「いやその様子が『普通にイタズラかまされた』ぐらいの感じで、軽いんですよ」

今のは一体なんだったんだと、先ほどの暗がりを確認してみたが何も無かった。

「『おじいちゃん』って言ってましたからね、知り合いだったんですかね……」

E君は首を捻《ひね》りながら、そう言って笑った。

立ち傘

その日、四十代の主婦Iさんは、小雨の降る夕暮れの道を、買い物袋を下げトボトボと歩いていた。坂を上ると、自宅まではもうすぐ。家に帰れば夕食の支度が待っている。

夏の終わり、雨に冷えた風が住宅地を通りぬけてゆく。

「傘をさして、足元を見ながら歩いていたと思います」

不意に、前方から人の気配がした。

ご近所さんだろうか？　顔をあげると、目の前に傘が立っている。

それは吹く風に露先《つゆさき》をたなびかせ、取っ手を地面に、ゆらゆらしながらバランスを取っているように見えた。大きさもデザインも、Iさんがさしている傘と変わらない一般的なもの。

「こんばんはぁ」

そう言って、傘に向け頭を下げたが、傘からの返答はなかった。

ただ、ゆれる傘生地の間にあった大きな目が、ぱちりと閉じ、会釈をしたように見えた。

そのまま、自宅まで歩き、玄関に入る。

濡れた傘を傘立てにあずけている途中で、ふわっと我に返った。

「えッ、あれ、なんだったんだろう、と」

まるで見知った人間に挨拶をしたような気でいたが、あれは傘だった。

黒い傘だけが道に立っており、大きな一つ目をIさんに向けていた。

「一気に寒気が来ました」

鋭利な包丁で、知らずに指先を切ってしまった時の痛みのように、一拍遅れてやってきた恐怖感。自分は一体何を見て、何と挨拶を交わしたのか?

玄関の鍵が掛かっているのを何度も確認し、急いで通りに面した窓のカーテンを閉める。

やがて、子供たちや夫が帰宅したが、さっきのできごとを話すに話せない。

「傘のお化けを見たなんて、言えないですよ……」

それが、もっとリアリティのある「幽霊など」であったのならば、あるいは話していただろう。しかし自分が遭遇したのは一般的にもお馴染みの傘お化けである。そんな話、誰も信じてはくれないだろうし、むしろ別な意味で心配されてしまう。

「だから、黙ってたんです」

いつものように食事を終え、風呂に入って寝るまでの間「あれは何かの見間違いだったのでは？」と、何度も自分に問いかけてみたが、しかし、それを見てしまい、あまつさえ挨拶を交わしてしまったという思いは消えず、その夜はなかなか寝付けなかった。


次の日、朝早く出かける夫や子供を見送った後で、ゴミを出しに外へ出た。向かった集積所の前では近所の人が何人か集まり、ヒソヒソと立ち話をしている。やってきたIさんを見つけ、彼らがちょいちょいっと手招きをする。

「ちょっと、昨日の夜騒がしくなかった？　気付いてた？」

よくわからない質問をされ、なんだかドキッとしたIさんが戸惑っていると、続いて「○○さんの家、夜逃げしたみたいよ」と耳打ちされた。

「変な話ですけど私はてっきり、昨日の傘お化けに関することかと思ったので、それ聞いてなんだか安心してしまって」
○○さんは、六十代の夫婦で自営業を営んでおり、一時期は随分羽振りが良かった。集積所の前では「それみたことか」というような話が繰り返され、その流れで○○さん家の様子を見て来よう、という話になった。
「どちらかと言えば、○○さんの夜逃げの話よりも、昨日の傘お化けに関して考える方が、私の中では重要な問題だったんですが……」

話の輪に入ってしまっていたIさんも、場の空気に逆らえず一緒に歩き出す。

門付きの広い庭がある○○家は、通りからも、既にもぬけの殻となっているのが一目瞭然だった。

「ただ、夜逃げというわりには、ずいぶん綺麗な逃げっぷりだなと思いました。カーテンまで取り外されてて、庭の倉庫なんかもカラッポのようだったので」

夜逃げと言うぐらいなのだから、状況は雑然としているのだろうとイメージしていたIさんは拍子抜けしたが、ちょうど玄関の前まで回り込んだ所で、ビクッと足を止めた。

「黒い傘が、取り残されたみたいに一本だけ」

空になった家の玄関前、黒い傘は置いてけぼりをくらい、寂しそうに立てかけられていた。

「ああ、あれ多分、昨日の傘なんじゃないかなって」

Iさんは、なぜか自然と、仏壇でも拝むように手を合わせたそうだ。

「一緒にいたご近所さんには不思議に思われたみたいですけれど、それでなんだかスッキリしたんですよね」

傘はしばらくの間、放置された家の玄関先で所在なげにしていたが、そのうちどこかへ行ってしまったという。

朝の異界

C君は、高校一年生の春から朝刊配達のバイトを始めた。

「パソコンが欲しくって。当時はデスクトップ一台が安くても二十万以上したんです。親にねだれる額でもないし、だったら自分で働こうと」

もっと割のいいバイトは他にもあったが、こまごまと仕事の内容を覚えたり、職場の人間関係に気を使ったりするのが面倒そうで、乗り気にはなれなかった。

「その点、新聞配達だったら、配達ルートさえ覚えてしまえばチャリンコ漕いで配って回るだけですから。早起きしなきゃならないことを勘定に入れても、楽勝だなと思ってました」

何の気負いもなく始めたが、実際は予想よりもしんどかった。

「慣れるまでは、体力的にかなりキツかったですね。悪天候の日も休むわけにはいかないんで。ただそれ以上に……」

彼の弁によれば「朝の雰囲気」がどうにも肌に合わなかったそうだ。

「こう、人が少なくて静まり返ってて、澄んだ空気が突き刺さってくる感じとか、ちょっと霞《かすみ》がかって見える町並みとか……。知っている場所なのにそれが違って見えるような、そういう感じがダメだったんです。寂しくなっちゃって、孤独感がものすごい」

初日からそんな調子だったため、彼はずいぶん落ち込んだ。

「甘く見てたなぁと……パソコン買える分の金を稼いだらすぐに辞めようって」

C君が担当した配達区域は住んでいる町の郊外から山間部にかけて。すでにチラシなどが折り込まれた状態の新聞を、家の近くの指定された場所でピックアップし、五十軒ほどの家々に配って回る。

そのなかで、一軒だけ気になる家があった。

「母屋の他に納屋とか蔵もある、古くて大きな農家でした」

市道から百メートルほど奥、広い畑に挟まれた一本道の向こう側に、それは建っていた。

「その一本道の手前に新聞受けが立ててあったんで、わざわざ母屋まで行く必要はなかったんですけど、妙に気になるんですよね、悪い意味で」

彼の弁によれば、その農家の母屋付近が「ものすごい朝の雰囲気」に包まれており、遠くから眺めるだけで不安定な気持ちになるほどだった。

「まぁ、その時点ではあくまで俺の感想にすぎないんですけれど、もう民家のソレじゃないんですよ、神社とか宗教施設みたいな異界感がすごくって」

中学時代に何度も通りかかったはずの場所であったが、違和感を覚えたのは新聞配達を始めてから。

「朝なんですよ、真昼だったらなんてことないんです。朝に限ってあそこはおかしくなる」

仕事を始めて半年、体力的にも随分慣れてきた、その年の晩秋のこと。

「配達ルートもすっかり憶えちゃって、半分寝てても仕事ができるようになってました」

ただ「朝の雰囲気」だけにはどうしても慣れず、どこか心細いような気持ちで毎朝の仕事をこなしていた。

「夏はまだ良かったんです。早くから明るくなるんで幾分はマシでした。ただ、秋になって気温が下がってきて、日の出も遅くなってきたあたりから『うわぁ』って感じで……」

一日の始まりというよりは、夜の終わりを感じさせる町並みの中を、せっせと自転車を漕ぎ進める。まだ車通りは少なく、すれ違う人の輪郭もおぼろな時間帯。

その日は、例の農家の新聞受けが無くなっていた。

「マジかよって、しばらく一本道を眺めながら固まってました」

その道の奥、C君曰く「朝の雰囲気を凝縮したような」農家は、静かに佇《たたず》んでいる。

「まさか地べたに新聞置いて行くわけにもいかないですし……」

深く砂利が敷かれた道であることを考慮し、路肩に自転車を置いたまま、意を決して一本道に足を踏み入れる。

霧煙に覆われた母屋に近づくにつれ、冷気が増していくような心地がし、足がすくんだ。

「何言ってんだって思うでしょ？　ホントにヤバかったですよ。だからもう耐えられなくなって、走ったんです」

どうあれ玄関付近に新聞を置いてきさえすれば良い、そう心に決め、全力で走る。ジャリジャリと足にまとわりつく小石を掻き分けるように進んだ農家の庭先で、C君はソレを見た。

「じじじって、小さく爆《は》ぜているように見えました、線香花火に火を点けたみたいなのが」

球形で、直径は軽自動車のタイヤぐらいはあったという。

溶岩を丸めたような、あるいは電気の塊《かたまり》のような、とにかくそういう風なモノが、農家の庭先に浮いて、くるくると回転していた。

「何にも思いませんでした、それ見て動けなくなって、ただただ立ち尽くしてました」

十分以上はその場で呆然とソレを眺めていたらしい。

やがて、六時のチャイムが公共のスピーカーから流れ、ふと我に返った。

「そういう自覚はないんですけど、あるいは立ったまま意識を失っていたのかも知れないです。『あれ？』と思ったら目の前に人がいて」

農家の住人らしき老人が、不審そうな様子で声をかけてきていた。

庭に浮いていた妙なモノは、いつの間に消え去ったのか見当たらない。

老人は険しい顔つきで「おい」「どうした?」と繰り返している。

「反応できないんですよ、何を言ったらいいのかわかんなくて」

そんなC君の様子を見て、老人が言う。

――深呼吸しろ。

促《うなが》され、喉を詰まらせるようにしながら深く呼吸をしたC君に、老人が続ける。

――誰に会った?

誰に会ったわけでもなかったため、質問への返答としてはおかしかったが、それでも今しがた自身が目撃したものについて、話さずにはいられなかった。

C君がおずおずと話す内容を、黙ったまま聞き終えた老人は――

「『それは〝あいさん〟だから大丈夫だ』って。よく覚えてはいないんですけどそういう風なことを言ったんです。その後で『運が良かったな』って。こっちは余計に混乱しましたけどね」

あれは一体なんなのか、訊ねたC君に対して、凄むように老人が言った

「人ん家《ち》のことに余計な首突っ込むなや。新聞屋に苦情入れるぞ」

気圧《けお》されたC君は、新聞を手渡すと頭を下げ、そのまま庭を後にした。

精神的な疲労感を覚えつつ、動悸する胸を押さえながら自転車に戻ると、目の前にさっきまでは無かったはずの新聞受けがいつものように立っている。

「逃げるように離れました」


その数日後、彼は新聞配達を辞めた。

「また、あの家の新聞受けが無くなってたんです」

その日の仕事を途中で放棄したC君に対し、雇用主であった新聞販売店の社長は「わかった、ご苦労さん」と告げ、叱るでもなく、その月の分の給料を現金でくれた。

「まだ半月以上残ってたのに、ひと月分フルで働いたのと同じだけのお金をくれたんです」

それはそれで気味が悪かった、とC君は言う。

事故と縁

事故が多発する場所というのは日本全国各地にあって、そのような場所が「心霊スポット」として曰《いわ》く付きで語られることも多い。

私が以前取材した某所では、あまりにも交通事故が多いため、路肩に石の仏像を建てて無事故の祈願をしたものの、それでも事故は治まらず、様々に検討を重ねた結果「仏像の向きが悪い」として、先の仏像とは別な方向を向いた仏像をもう一体建立、すると嘘のように事故が無くなった、という話があった。

以下のお話を聞かせてくれたのはCさんという二十代の女性、舞台は「道路」ではなく「駐車場」だが、車両同士の事故が多発していたという。

話は数年前。当時、郊外に新しくできたパチンコ屋の駐車場でのこと。

「こう、自分で押しているスクーターの後ろをね、ガンガンって、車にぶつけてるの」

「それってさ、事故じゃなくて故意の器物破損じゃないの？」

「うん、だからすぐに誰かに通報されて、それをした人は捕まったけど……」

「けど？」

「それからしばらくして、また、同じ駐車場の同じ駐車スペースで、全く同じような光景を見たんだよね、私」

「それは、同じ人がやったってこと？　同じ人が、同じ車に？」

「いや、別の人。今度は車が車に三回バックでぶつかってた」

「ぶつけた方もぶつけられた方も別の車ってこと？」

「そう。以前のスクーターをぶつけてたのは若い人だけど、次に車をぶつけてたのはお爺ちゃん。一回ぶつけた後に、また少し離れた所から助走つけるようにもっかいぶつけて、っていう感じ。すぐに通報されたみたいで、パトカー来てた」

「それも、故意なんだろうか？」

「お爺ちゃんだったたから、何か操作間違ってってこともあるんだろうけれど、私には故意に見えたな。だっていくらなんでも、わざわざ三回もぶつけないでしょう？」

「まぁ、そうだよね……」

「それでホラ、私、新台入れ替えなんかの時は朝から並ぶからさ、その頃に仲良かった常連さんと話してた時に、その話題になってね」

「うん」

「もともと、建物や駐車場が建つ前、その辺一帯は田んぼだったらしいんだけど、例の『ぶつけられた車が停まってたスペース』の付近に、小さい祠《ほこら》が建ってたんだって」

「ほうほう」

「何を祀った祠なのかはわかんないけど、小さいのがあって。駐車場作るにあたって移築したっていうんだよね、他の所にね」

「はいはい」

「でも、何か理由があってそこに祠を建てたんだろうから、移築したから良いって問題じゃないんじゃないのかなって、その話をしてくれたおじさんは言ってた」

「まぁねぇ……」

「単なる事故なら、まぁ言い訳もできるんだろうけど、どう考えても故意だったからね。っていうことは、どういうことだと思う?」

「何か、祟りみたいな話ってこと?」

「祟りっていうよりも『乗り移られた』んじゃないかなって、私は思うんだよね。ようは祠が建ってたその土地の上に車を停められたらさ、気分良くないじゃない?『神様』みたいなのがいたんだとしてさ」

「『神様』か何かが、適当な人に乗り移ってぶつけさせたと?」

「そう考えた方が自然じゃない? だって同じ場所で同じような事故なんだよ?」

「それでね、次に同じ場面に遭遇したときはさ、私近くに行って観察したんだよ」

「なるほどねぇ」

「は? もう一回見たの? 同じような場面を?」

「うん、常連だったからね、週二か週三で行ってたから」

「……」

「その時も車と車だったんだけど、前回のお爺ちゃんの時と同じように、やっぱり何度もぶつけてた。近くに行ったら、おばさんが乗っててね、ホントに狐につままれたみたいな顔して、首捻《ひね》ってるの」

「ええ……」

「それで、駐車場の警備の人がすぐに来て、ぶつけられた方の車の持ち主もパチンコの途中で呼び出されてきてね。おばさんは『スミマセン』って何度も謝ってたけど、ぶつけられた方はカンカンに怒ってて『謝るぐらいならなんで何回もぶつけたの！』って、そりゃそうだよねぇ」

「それでぶつけた方のおばさんは？」

「平謝り、どうかしてたって、半べそかきながら謝ってた」

「なんなんだろうねぇ」

「ああ、これはやっぱり何かあるんだなって、当時そう思ったんだよね」

「ぶつけた方も、ぶつけられた方も、気の毒な話だね……」

「ホントにね。それから、また半年ぐらいして同じような事故があって、その時も私居たんだけど――」

「は？　ちょっと待ってちょっと待って！」

その後も、彼女は同じ駐車場の同じスペースでの同じような事故を二回目撃し、最初の目撃から数え通算五回、事故に居合わせたと話した。

件《くだん》の駐車スペースは、現在ではカラーコーンが置かれ、車を停められないようになっているらしい。

しかし、その『事故』よりも、むしろ私が気になるのは……。

「それでさ、私その次の年に、実家を出て一人暮らしを始めたんだけど、どうせならパチンコ屋の近くが良いなって思って、朝とか並ぶのに便利だし。そしたらそのパチンコ屋の近くにちょうどいい物件があってね、即決したの、で、そのアパートの道路挟んだ向かい側にさ、移築されたその『祠』があったわけ。これも何かのお導きだなって思って、だから今でもそのパチンコ屋に行く前は必ず手を合わせているんだよね。そのおかげか、このご時世でも結構なプラス収支なんだよ」

一人にしないで

三十歳の保育士、Tさんから伺ったお話。

八月、お盆のできごと。


その日、彼女は屋外でバーベキューをするべく友人数人と河原に向かった。

「本当は川のすぐ側が良かったんだけど、私たちが着いた頃には、もう団体さんが宴会をしていたんだよね」

陣取っていたのは大学生ぐらいの若いグループ。

既に酒が入っているようで、ずいぶんとはしゃいでいる様子。

「男女で二十人ぐらいはいたかな。派手目な服装で、ちょっとタチが悪そうな感じに見えて」

地元の小さな川、バーベキューができる場所は限られている。

男女四人でやってきたTさんたちは、川辺に陣取った彼らの騒がしい雰囲気に尻込みし、車を停めた場所からほど近い芝生のところで、自分たちの準備をはじめた。

「私たちが入れるぐらいのスペースは残っていたんだけど、近くに行ってからまれたりしたら面倒だなと思って。こっちは自然を楽しみつつ、仲間とのんびり飲みたかったからね」

時刻は午後二時、陽射しの盛りを迎えた河原は、夏の空気に満ち満ちている。

そんな中、男性たちが日よけのタープを組んでいる横で、Tさんは食材の準備などをしつつ、チラチラと川辺のグループを覗き見ていた。

「小学生ぐらいの男の子がいたんだけど、それが気になっちゃって」

男の子は、グループの周りをせわしなく動き回っている。

包丁を使っている手元を覗き込んだり、バーベキューコンロの横に座ったり、川に入って行ったり。

「なんだか危なっかしいことばかりしてるんだよね、周りの大人が注意してあげればいいんだけど、まるで気にする様子もなくて……」

職業柄なのか、どうしても子供に目が向いてしまい、他人事とはいえ何事も無ければ良いなと心配していたそうだ。

やがてTさんたちも準備を整え、いよいよ始まるバーベキュー。

乾杯した後は、例の子供を気にすることもなくなった。

「こっちはこっちで楽しかったからねぇ」


楽しい時間は過ぎるのも早い、気が付けば日暮れ。

「夜中まで続ける気はなかったし、そろそろ片づけようかって」

それぞれがキャンプ用の椅子から立ち上がり、帰り支度をはじめた直後、友人の一人が「おや?」と言って固まった。

その視線を追うようにTさんが振り返ると、さっきまであんなに騒がしかった若者グループ全員が、川に目を向け立ち尽くしている。

風に流され、漂ってくるのは線香の香り。

「みんなうつむいて、川に向かって手を合わせていたんだよね」

彼らが投げ込んだらしい花束が、ゆっくりと川の流れに飲み込まれてゆく。

——ああ、もしかして。

遡《さかのぼ》ること十年前、ちょうどこの河原で、小学生が水難事故で亡くなったという報道が地元紙に載った。

「その子の同級生たちなのかも知れないって」

盆時期だったこともあり、Tさんは勝手にそう結論付けた。

そしてふと、さっきの子供はどうしているんだろう？　と思った。

薄暗い川辺に目を凝らすが、男の子の姿は見当たらない。


既に片付けを終えていたのか、若者グループは三々五々散り始める。

彼らが去った川辺は闇に覆われ、静かに川のせせらぎが鳴るのみ。

Tさんたちは荷物の殆どを車に積み込んだ後で、残った熾火《おきび》を楽しんでいた。

——そろそろ帰るか。

火の始末をし、車に向かう。

Tさんは名残を惜しむように川辺に目を向けた。

真っ白い子供が見えた。

暗闇の水辺に背を向け、薄ぼんやりと直立している。

「『気を付け』の姿勢で……表情まではわからなかった。でもなぜか『昼間の子だ』って、思った」

——ちょっと、あれ。

友人に声をかけ、白い子供を指差す。

先ほどのセレモニーを目撃していた友人たちは「ちょっとやめてよ～」と怖がったが、どうやら何も見えていないらしい。

次の瞬間、誰ともなく走り出した。

つられてTさんも、腰が抜けそうになるのを堪えながら車まで走る。

動き出した車の中で友人たちは「お前が変なこと言ったせいで怖くなったんだよ」と口々にTさんを責めた。

「私はさ、皆にも聞こえたんだと思ったんだよね……」

走り出す直前に聞こえた「待って！」という割れた叫び声が、今でも忘れられないという。

暫定因果

E君が会社の飲み会を終え、深夜の郊外を一人とぼとぼ歩いていた時のこと。

冷え込みが強い年明け一月、凍った歩道に足を取られないよう気を付けて進んでいた。

「次の日は家族で遊びに行く予定だったので、殆ど酒は入っていなかったんです」

コートの上から容赦なく吹き付ける寒風に辟易《へきえき》しながら自宅を目指す。

うつむき加減でしばらく歩いたところで、前方に人がいることに気付いた。

「街灯の明かりが逆光になってたので、前の人が黒い影になって見えました」

その人は、自分に向かって歩いて来ているように見えたと彼は言う。

雪がこびり付いた足場の悪い歩道でぶつかっては危ない。E君は顔を上げて、すれ違うタイミングを見計らった。

「こんな時間に一人で歩いていることを考えれば、私と同じように飲み会の帰りなのかも知れないし、酔っぱらっているのなら危険だなと思ったんです」

事実、人影はフラフラしたような足取りで、どこか心もとない歩き方。

「変にからまれたりするのも嫌だったので、あるいは反対側の歩道に避けようかなと考え始めていました、でも……」

前方の人影との距離は一向に縮まらなかった。

E君に向かって歩いて来ているように見えはするものの、最初に確認した際と同じ、十数メートルほど距離を開けた先を、フラフラしている。

「後ろ向きに歩いているわけでもないだろうし、おかしいなと」

目の錯覚なのか、あるいは少量入っていた酒の作用なのか、E君からは、やはり人影がこちらに向かって来ているように見える。

「でも、近づいてこないんです。そうなれば、どうあれ同じ方向に進んでいるんだと思うしかないじゃないですか?」

すれ違うことがないのであれば、E君が気を回す状況でもない。

転ばないように歩道の氷に目を向けつつ、歩みを進める。

その後、なんの気なしにふと、顔をあげ前を向いた。

「あれ？　何か大きくなってないか？　って」

さっきまで自分と大して変わらないような体格だったように思う、前方の人影。

しかしそれは、いつのまにか随分と立派な体格をした人間のそれになっている。

そして更にもう一つ——。

「なんであの人、今も真っ黒なんだろうって。最初に確認した時は街灯から逆光になってそう見えるんだと思ったんですが、こっちもあっちも移動してますからね、別な街灯に照らされる位置になっているわけですよ」

ここに至って、E君は自分が妙な状況に置かれていることを自覚した。

「自覚したっていうか、先に震えがきました。これはなんかヤバいぞって」

人っ子一人見当たらない、深夜の郊外。

自宅まで、まだ数百メートルはある。

ここからルートを変えると更に遠回りしなければならず、それは避けたい。

しかし前方には、当初より明らかに体積が増えた、光で照らされることのない人影。

「どうしようか悩んで、いったん立ち止まることにしたんです」

影がそのままどこかに歩き去るのを待ってみよう、少し待てば変わる状況であるのかも知れない、そんな希望を抱いてE君は歩みを止め、じっと前を見つめた。

それは、やはりフラフラとした足取りで、歩いているように見える。

歩いているように見えるが、遠ざかることもなく近寄ってくることもなかった。

「なんて表現すればいいのか……その場で足踏みしているのとは違うんです。その人影だけを注視するのなら確かに歩いているんです。でも周りの建物だとか、ガードレールだとか、環境と照らし合わせてみると、全く移動していないのがわかるんですね」

どうにも不可解、状況を考えれば、前方の怪しい人影がE君をターゲットにしているらしいことは明白だった。

「家まではもうすぐだったので、ちょっともったいないなとは思ったんですが……」

E君は、その場で電話をかけタクシーを呼んだ。

「変なことに巻き込まれるのは嫌だったので、それよりは多少お金かかってもタクシーで帰宅するのが安全かなと」

彼がその場に立ち止まってタクシーを待っているあいだ、怪しい人影は十数メートル先で同じように歩くフリのような動きをしていたが、やがてやってきたタクシーのライトに照らされると、ふっと掻き消えてしまった。


翌日、E君の話を聞いた奥さんが「それって○○君かもしれない」と言う。

「○○君っていうのは、うちの嫁の幼馴染だったらしく、私は面識ないんですが、どうも数日前に亡くなっていたらしいんです」

奥さんの両親が、遠方に嫁いだ娘に代って通夜にも顔を出したという。

「『だからきっと○○君だよ』って、嫁は言うんですけど……」

E君の奥さんの弁によれば、幼馴染とはいえ中学を卒業したあたりから○○君との交流はほとんどなく、ここ十年は会ってもいないそうだ。

「そんな薄い関係性しかないのに、その○○君が幼馴染の夫である俺を、わざわざおどかしに来ますかね？　嫁は『だってそれ以外に考えられないじゃない、他に何か理由っぽいものあるの？』と、そう言うんですけれど、私としては納得しかねてて」

ただ、あの夜のできごとに何の理由もなかったと考えるのも座りが悪いため、今のところ「暫定的に○○君」ということにしているらしい。

「縁もゆかりもない人よりはまぁ、幽霊であっても安心感はありますね」

続かぬ因果

五十代の主婦Tさんが体験している話。

「夜に見る夢なんですけれど。私と夫が茶の間で二人テレビを見ている所に、亡くなった次男と、同じく亡くなっている姑がスーッと入って来て、じっと見つめて来るんです。私は夢の中でも、その二人が亡くなっていることを知っていて、夫に向かって『ねぇ！　見える？　○○が来てるよ！』って、呼びかけるんです」

そんな夢を、彼女は今年の年明けから毎晩のように見続けているとのこと。

「一回ぐらいならそんな夢を見ても不思議はないんですけれど、続けて見るっていうのは……だから何かあるんじゃないかと思って……」

新年早々、親戚や友人などに電話をかけ、変わりはないかと訊ねて回ったそうだ。

「もちろん、真っ先に心配になったのは私と夫に関してのことだったんですが、二人とも元気だし、特に変わったこともなかったんです。だったら、うちじゃないのかなと……」

結果的に、彼女に近しいどの家も平穏無事であり、問題はなさそうだった。

しかし、それはそれで、かえって不安になったとTさんは言う。

「だって、何もないのにあんな夢を何回も見ないですよね？　いや、まぁ見るのかも知れませんけど、それってそうそうあることじゃないですよね？」

その間も、彼女は同じ夢を見続けており、朝起きるたびに動悸がするようになった。夢を出どころにした不安感は日ごと大きくなり、眠るのが恐ろしくなるほど。

「それで、お墓の様子を見に行ったりとか、仏壇を掃除したりとか、色々してみたんですけれどダメで……やっぱり見ちゃうんです、その夢」

ある晩のこと、怖々眠りについたTさんは、深夜、真っ暗な自宅の茶の間で目覚めた。

「最初は、どこなのかわからなかったんです。自分は布団で横になっていたハズなのにと。それで、パニックになっちゃって。あわあわしているうちに夫が起きてきて

『何やってんだ！』って怒鳴《どな》って……」

明かりのついた茶の間は、Tさんが暴れたためにごちゃごちゃになっており、それを見た夫は呆れた表情で「寝惚けるのも大概にしろよ」と言った。直後――。

リーンと、仏壇の鈴が鳴った。

ぎょっとして顔を見合わせるTさんと夫。

覗いた仏間には、もちろん誰もおらず、細くなった鈴の響きが残るのみ。

「それで、これはやっぱり何かの『知らせ』だと思って、いるんですけれど……」

思い当たるフシは全くなく、Tさんが眠れなくなってきている以外は、当たり前のように日々が過ぎていく。

「変な話ですけれど、何もないのが逆に怖いんですよ、何かあれば納得できるんですが……」

Tさんはまだ、同じ夢を見続けているという。

砂糖と小麦粉

B君が小学五年生だった頃のこと。

その日は家庭科の授業で調理実習が行われることになっていた。

しかし、それをすっかり忘れていた彼は、何の準備もせずに登校してしまったという。

「学校に着いてから気付いたんです……こりゃぁ困ったことになったぞと」

米と肉は学校から提供されるが、それ以外の食材は生徒が持ち寄ることになっていた。

「俺は砂糖と小麦粉を班の人数分持ってくる係で」

彼がそれらを忘れたということは、予定していた料理は作れないということ。

「出来上がったものを給食の代わりに食べる予定でしたから、俺の担当分の食材が無ければ、中途半端なものを不本意なまま食べなければならないことになるわけです。俺だけじゃなく同じ班のメンバー全員が」

食材を忘れたことが知れれば、大ヒンシュクを買うことになるのは目に見えていた。

「大人になった今ならば、他の班にちょっと融通してもらうとか、あるいは先生に正直に話してなんとかしてもらうとか、やり方はあったよなと思うんですが……当時は忘れたことがバレてしまうのが嫌だったんですよね」

どうにかならないものかと思案の末、彼は大胆な行動に出ることを決めた。

「休み時間にコッソリ抜け出して、家まで食材を取りに戻ろうと。わざわざ用意するまでもなく、砂糖と小麦粉なら普通に家にあるだろうからって」

かくして二時間目の終わり、B君はクラスメイトに見つからないよう、こっそり学校を抜け自宅に向かった。

家までは小走りで往復二十分ほどの距離。

「二時間目の休み時間はちょっと長めで十五分あったんで、全力で走れば間に合うなと」

三時間目から始まる調理実習に滑り込めればセーフ、いくらか遅れても、忘れたままにしていたよりは周囲の見る目も変わるだろう。

「まぁでも勝手に学校抜け出して家に戻るなんてのは御法度ですからね、先生に怒られたくなかったし、なんとかして間に合いたくて」

校門を出てすぐ、ひょいっと田んぼの畦《あぜ》に飛び降りた。

「近道しちゃおうって、別にこんな時まで通学路を通らなくてもいいよなと」

ぬかるんだ畦《あぜ》を走り、用水路を飛び越え、人様の家の敷地を駆け抜ける。

「近道を全力疾走だったんで、かなりいいペースで進んでいたと思います。でも……」

それは、不意に起こった。

「あれ？　なんだこりゃ」

B君の目の前五メートルほど先に、懸命に走るB君の後姿。

「なんて言えばいいんだろう……俺の体だけが先に走って行ってて、それを俺の意識が追いかけているって感じですかね？　多分そういう表現で合っていると思います」

初めての体験であったが、驚く暇もなかった。

「とにかく置いて行かれちゃマズいって、それだけは直感してて……ヤバいヤバいと思いながら、自分の姿をずっと目で追いかけて」

『体』を追いかけるB君の『意識』には身体感覚が全くなく、手足の疲れも息切れも一切感じなかったそうだ。

「前を走っていく自分の『体』に糸かなんかで引っ張られて行くような感覚でした。とにかく振り落とされちゃダメだって思いながら、必死でその糸にしがみ付いているっていう」

目の前を猛然と走っていくB君の体は、後ろからついてくる彼の『意識』を振り切らんばかりの勢いで、彼の自宅に迫る。

「これ、このままどうなっちゃうんだろうって……思いはしましたがどうしようもなく……」

ハラハラしながら自分の『体』を追っていくB君の『意識』が次に目撃したのは、更に説明のつかない事態だった。

「自分の家じゃなくて、二軒隣りのAさんの家に入って行ったんです。俺の体」

コントロールを失っている状態とはいえ、なぜ他所《よそ》の家に入って行くのか、何か粗相でもあったらそれこそ一大事になってしまう。

「ちょっとちょっとって、思った瞬間ですよ」

急に『意識』が『体』に戻った。

「『お母さーん』って、Aさん家の玄関で大声出してて……」

体のコントロールを取り戻したB君は、Aさん宅の玄関で、このまま逃げ出そうか、あるいは「家を間違えました」と間抜けな謝罪をするべきか逡巡した。

――すると。

「Aさん家の奥から見たこともない綺麗なお姉さんが出てきたんです。それで何も言わずビニール袋を二つ突き出してきて……」

お姉さんは、うっすらと笑顔を作ったままB君に袋を握らせ、静かに家の奥に戻って行った。

その後のことは、よく覚えていないと彼は言う。

「半泣きで学校まで走ったことは断片的に覚えてるんですが、なんで半泣きだったのかはわかんないです。ただ、調理実習が終わって家庭科室で作った料理を食べている時に『あの袋って砂糖と小麦粉だったんだな』と唐突に思ったのは覚えています。でもそしたらまたなんだかフワっとなって――」


気がついたのは学校の保健室。

B君が体を起こすと、慌てた様子の保健の先生が「今お母さん呼んだから！」と言い、ベッドに横になっているよう指示してきた。

「どうやら家庭科室で倒れたらしいんですよ。それで頭打って意識なくしちゃったみたいで」

間もなくやって来た母親と、大事をとって呼ばれた救急車に乗り病院へ。

結果的に脳の損傷などの心配は無いということだったが、一泊だけ入院を勧められ、次の日に帰宅した。


「いや、ほんと、この話をすると頭痛くなってくるんですよ。自分でも未だに何がなんだかサッパリわからないんで」

確かに、聞いているこちらも混乱する話である。

「よくスポーツ選手なんかが『ゾーンに入る』とかって言うじゃないですか？　極端

に集中したりしたときに不思議な感覚になるっていう。アレに近いことだったのかなっては思うんです。ただ……」

そうすると、Aさん宅での出来事の説明がつかない。

「そうなんですよね……後から確認したんですけど、Aさんの家にはAさん夫婦だけが住んでいて、若いお姉さんとか居なかったようで……」

家庭科室で頭を打ったことが原因で、前後の記憶が混乱しているということはないのだろうか？　本当はちゃんと自宅に戻り、母親から小麦粉と砂糖をもらっていたのにも関わらず、頭を打った関係で妙な記憶にすり替わっているという可能性。

「それが、母の話だと俺は来てないそうなんですよ。あの後で『Aさん家から砂糖と小麦粉もらった』って、正直に話したんです、それで母と一緒にAさんの家に行ってみたんですが『そんな覚えはないよ』って。お姉さんもいないし、俺も来てないって、そう言われて……両親からは頭打ったせいで妙なこと言うんだと思われたようですが……曖昧なままもう十年も過ぎちゃいました」

砂糖と小麦粉の出どころは、未だに不明だそうだ。

曼荼羅遺書

今から約三十年前、Ｆ氏が小学五年生だった夏休みのできごと。

「うちは母子家庭で、当時は集合団地に住んでいたんだ」

今と比べ子供の多い時代だったため、団地の公園は常に賑わっていた。

夏休みともなれば、小学生が入り乱れ、一日中大騒ぎだったという。

「俺も上級生とか下級生とか関係なく、毎日ぎゃーぎゃー騒いで過ごしてた」

Ｆ少年が所属していたグループは特に結束力が強く、四六時中一緒にいたそうだ。

「まぁ、みんな貧乏な家の子供だったわけだよ。片親が多かったし、どの家も似たり寄ったりっていうかさ。環境は決して良くはなかったけれど、皆が平均して同じような生活水準だと考え方のギャップもないからね、打ち解けやすかったんだと思う」

缶蹴り、秘密基地作り、野球にサッカー。

公園だけでなく、団地すべてが彼らの遊び場として機能していた。

「ホント、楽しい思い出しかなかったハズなんだよね。アンタが妙な話聞かせろなんて言うから、余計なこと思い出しちゃったよ」


夏休みが始まって間もないある日のこと、見慣れない男の子が公園にやってきた。

茶色く汚れた白いシャツに半ズボン、手足にはところどころ黒い痣《あざ》がある。

公園の端で他の子供が遊んでいる様子をじっと眺めていた彼に、最初に話しかけたのはF少年だった。

「見たことない顔だったからさ、どこ小？　って訊いたんだ」

すると男の子は首を振り「行ってない」と呟いた。

「『そんなわけないだろ』って思ったのを覚えてる、ああ、ホント、思い出して来た」

それをきっかけに、男の子はF少年のグループと一緒に遊ぶようになった。

歳を聞いても答えず、何年生かもわからない。

「名前は……なんだっけかなぁ、思い出せなねぇな」

痩せこけた体で、足が悪いのか、つま先を引きずるようにして走るその男の子は、F少年たちと違い、物静かなタイプであったものの、素直な性格が幸いして、すぐにグループに馴染んだ。

「俺は一つか二つ年下なんじゃないかなと思ってた。俺等の言うこともよく聞いたし、反抗的な態度をとることもなかったから」

特にF少年には懐いており、男の子は彼のうしろをひょこひょことついて回った。弟分ができたようで悪い気はしなかった彼は、少ない小遣いで買った駄菓子を食べさせたり、男の子の体に配慮して「みそっかす」という、鬼ごっこや缶蹴りなどで捕まっても鬼にならなくて済む特別な地位を与え、可愛がった。

問題が起きたのは、夏休みも中盤に差し掛かった頃。

「グループのリーダー格が『お前もらってばかりだな』って、アイツに言ったんだ」

F少年が男の子に購入した駄菓子を分け与えていたせいか、グループの他の面々も、彼に倣うようにして男の子に対し自分の菓子を分け与えるようになっていた。どうやらリーダーはそれが気に入らなかったようだ。

「確かにアイツは、自分で駄菓子を買うこともなかったし、俺らから菓子をもらったところで『どうも』でもなかったからなぁ。でも嬉しそうに食うんだよ、それこそ何日もまともに飯食ってないみたいにして……」

何故リーダーはそれを咎めたのか？　聞けば、彼らにとっての駄菓子は、単なるおやつではなかったらしい。

「昼飯の代わりだったんだよ、俺も母ちゃんに『インスタント麺と五十円玉どっちがいい？』とか聞かれて、そんで昼飯代として五十円とか百円とかもらってたんだわ。他の奴らも皆そうだった。親は働きに出てるか昼間は寝てるかだから、家で昼飯を食うっていう習慣がなくってね」

他の子供よりも体格が大きかったリーダーは、自分が食べる菓子の量が減ることに耐えられなかったのではないかとF氏は言う。

「単なる意地悪ではなくて、けっこう切実な部分からの発言だったんだろう。実際にみんな、腹を空かせてたしな」

今でこそ理解を示す発言をするものの、当時の彼は違った。

「たった数十円も持ってないってことはさ、貧乏だってことじゃない。毎日同じ服を着てくる年下の奴に、それを責めるようなことを言わなくてもいいじゃない、と思ったんだよね」

ひと悶着あった末、二人は一時的にグループから抜ける格好になった。

それからしばらくの間、F少年は団地の端っこでその男の子とだけ遊んで過ごした。

「そしたらさ、ある日アイツが小さいダンボールの小箱を持ってきたんだ」

その中に入っている「宝物」を特別に見せてくれるという。

開けた箱には、輪ゴムでとじられた大量のシールが入っていた。

「当時流行《はや》っていた『おまけシール』の偽物、それも偽物の偽物みたいなよくわかんないやつだった」

カプセル玩具のハズレとして、色んな駄菓子屋のゴミ箱にカプセルごと捨てられていたのを、F少年もよく見かけていた。

「アイツは、どうやらそれをゴミ箱から拾ってコレクションしてたみたいなんだよ」

一枚一枚を嬉しそうに披露する男の子に、当初は相応のテンションで反応を返していたF少年だったが、やがてその姿が余りに哀れに思え、つらくなった。

「俺等もそうとう『可哀そうな部類』だったと思うんだけど、アイツはそれの更に下を行ってた。服はいつも同じで、小遣いも貰えず、宝物はゴミ箱から拾ったハズレのシールなんだもんな」

やりきれない気持ちを抑えながら、F少年は、誇らしげにシール披露してくる男の子に対し、精一杯の羨ましそうな演技で応えた。

そうして迎えた夏休みの終盤。

「団地の自治会が主催で、毎年夏祭りが開かれるんだ」

夜店も並び、ささやかながら花火も打ち上がる、子供たちには楽しみなイベント。

その夜は、いつもより多めに小遣いをもらえることから、F少年も奮発して遊ぶつもりでいた。

「だからアイツにも言ってたんだ、絶対に来いよって」

夕方、母親の帰宅を待って小遣いをせびると、一目散に会場へ向かう。

すると、公園の手前にいた例のリーダーが声をかけてきた。

「あの日以来、見かけてもお互い声もかけなかったのにな」

リーダーは「これアイツに貰ったぞ」と手の平に乗せた百円玉を見せてきた。彼だけではなく、F少年を除くグループ五人全員が、男の子から百円玉をもらった様子。

側にいた男の子に駆け寄り話を聞くと、決して巻き上げられたわけではなく、彼が自分の意志で行ったとのことだった。

「ああ、祭りの日だし小遣い貰えたんだなって。それでアイツなりに仁義を切ったんだって、そう思った」

そうしてF少年はグループと和解し、男の子を含めた全員で祭りを楽しんだ。

花火も終わって帰り際、男の子はF少年を呼び止めると、どこに隠していたのか例のシールが入った小箱を手渡そうとする。

「俺に対しては、百円玉じゃなくて宝物をくれようとしたんだ」

F少年はその気持ちだけ汲んで、シールの小箱を男の子に返すと「またな！　また明日！」と言って、手を振りながら走ってその場を後にした。

「照れ臭かったんだよ、何か気持ちが通じたような気がしてさ」

祭りの余韻が残る中、男の子はF少年を見送るように手を振り続けていた。

そしてそれきり二度と彼の前に現れることは無かった。

その次の日、いつものように公園へやってきたF少年が目にしたのは異様な光景だった。

「子供が何人かぶっ倒れてて、中には吐いたりしてる奴もいて」

奇声をあげて泣き叫ぶ子供、ぐったりしたまま動かない子供、足取りのおぼつかない子供。

今にして思えば、集団ヒステリーのような状況だったとF氏。

「どうやらすべり台の近くで何かあったようだったから」

恐る恐る近づき、その後ろに回ると——。

「なんでそう思ったのかは俺もわかんないんだけどさ、ソレを見て直感したんだ『あ、アイツ死んだんだ』って」

驚くほど大量の「偽物のシール」が貼られていた。

「すべり台の裏側にさ……それだけのシールを持っている奴なんて……」

それは実に丁寧に、びっしりと敷き詰められるように貼られていた。

「どうやって貼ったんだって思うぐらい……何枚も重ねて……そうだな、ほら文化財とかであるでしょ？　マンダラ。幾何学模様と仏様が一緒になっているようなやつ、アレそっくりだった」

それを見たF少年は涙が止まらなくなり、その場から動けなくなった。

「ああ、こんな酷いことがあるんだなって、そう思って」

騒ぎを聞きつけた団地の大人たちがやってくる。

不思議なことに子供たちは大人に介抱されると間もなく、まるで何事もなかったように素面に戻り、元気に遊び始めた。

「一体なんであんな状況になったのかわかんないんだって。何が発端で騒ぎが起きて、なんでみんなおかしくなったのか不明なままだって、後からそんな話を聞いたよ」

しかしF氏だけは思うところがあるという。

「多分、あのシールの意味を正確に把握できたのは俺だけだったたんじゃないかな。あれは『遺書』みたいなもんだったたんだと思う……。学校に行ってないとか、毎日同じ服着てくるとか、手足に痣ができてたりとか、足が悪いとか、痩せこけてるとか、夢中になって駄菓子食うとか、小遣いも貰えず拾ったシール宝物にしてるとか……今になって思えば明らかにおかしいんだよな……」

確かに、今であれば虐待の可能性を強く感じさせる所見である。

「そんな奴が、あの夜にどっから何百円も持ってきたんだろうって……親以外にないでしょ？　可能性としてはさ……親のサイフから金抜いたのを咎《とが》められて、それで殺されちゃったんでしょ……」

突然真顔で物騒なことを言うF氏。

推理としては飛躍しすぎではないか？　と疑問を呈した私に、彼は言った。

「じゃあ、なんであの朝にヒステリーが起きたんだよ？　なんですべり台にシールが貼られてたんだ？　なんで俺は『アイツが死んだ』って思ったんだ？　なんで泣いたんだ？　なんでアイツはあれ以来来なくなったんだ？　なんで……なんで今もアイツの名前を思い出せねぇんだ？　お前《め》ぇ、人のトラウマほじくり返した挙句『飛躍しすぎ』なんてよく言えるな、バチ当たるぜ」

南米の鹿

八月始めの頃だったと、Dさんは語りだした。

「ちょうど俺が住んでる町のお祭りの日でね、日曜出勤が終わってから、出店でヤキソバとか色々買い込んで、そのまま山に向かったんだ」

彼が山にむかったのは、まもなく始まる花火大会に備えてのことだった。

祭りでは二十時から二十一時までの間に大きな花火が打ち上げられることになっており、それを山の上から見下ろそうという趣向。

「その年だけじゃなくて、殆ど毎年、同じように山から花火を見るの。これがまた風情があってすごく良いんだ」

山といっても、登山をしなければならないようなところではなく、車が通れる道路が整備された市民には馴染みの場所なのだそうだ。

「頂上付近には駐車場もあるから、そこに車を停めて」

彼が目指すのは駐車場から徒歩で五分ほどの距離にある公園。

子供たちが遊べる遊具として、丸太で組まれたアスレチックのようなものが作られている。

「そのアスレチックのてっぺんに座って、買って来たものを食べてた」

周囲には人っ子一人おらず、そよぐ様な虫の声が響くのみ。

耳を澄ませば、遠く町の方から太鼓の響きが伝わってきた。

「そろそろ花火が始まるなって思ってたら」

アスレチック裏の茂みが、何やらガサゴソと騒がしい。

風によるものなどではなく、明らかに草木を踏み付けるような音がする。

生物が近づいてくる気配、Dさんは息を殺した。

「熊じゃないよなって思いながら、茂みの方を見たんだ」

夜陰に紛れてパッと見はわからなかったが、近くの街灯の明かりを頼りに目を凝らすと、どうやら鹿のようだ。

「鹿なら俺がいるところまでは登って来られないだろうと安心してね」

ちょっとイタズラ心が湧き、手持ちのライトで気配のあるあたりを照らしてみた。

人の顔があった。

——えっ。

驚きのあまり、思わずライトを伏せる。

「いや、いくらなんでもこんな時間に山から人が出てくることはないだろうと」

車を停めた駐車場にも他の車はなかったハズだ、見間違いだろうか?

思い直してもう一度茂みにライトを向ける。

やはり人の顔、しかも——「鹿の頭の部分が、丸々人の首から上だった、人面鹿」

それまでの楽しい気分から一転し、一気に浮足立った。

「こういう場合はどうしたらいいんだろうって、頭ばかりがグルグル焦っちゃって」

茂みの中でぼんやりした表情の人面鹿とは直線距離で五メートルほど。

ただし、Dさんのいるアスレチックのてっぺんまでは、茂みの下の土手を挟んで距離がある。一気にジャンプでもされない限り、すぐ側まで近づかれることはなさそうだった。

「つるっとした、子供みたいな顔をしてた。ただ、大きな鹿の胴体とソレがアンバランスで、かえって不気味に思えたな」

ライトは、顔を確認した後で再び伏せた。その時はマジマジと見るものではないような気がしたという。

「何の表情もなかったからまだ冷静でいられたんだと思う。あれがもし笑ったり怒ったり、表情のある顔だったとしたら、俺はパニックになっていたかも知れない」

警戒のため視線を茂みに向けているDさんの背後からは、予定通り打ち上げられた花火の音が聞こえ始めた。

しかし、それを眺めるどころではない。茂みの中には、まだ鹿のシルエットがある。

「落ち着かなきゃと、いつでも連絡が取れるように携帯電話を握りしめて」

――そうだ写真。

混乱ゆえだろうか、恐怖感で総毛立っている最中であるにも関わらず、そんなことを考え始めたと彼は言う。

「そう思いついてからは、こっちも一気に冷静になってきた。この距離でしっかり写せるかなとか、もう一度ライト当てなきゃダメだとか、あれこれ考え始めて」

はたしてその思考が本当に冷静さによるものであったのかどうか疑問は残るが、彼の弁ではそうだったらしい。少なくとも、その状況に対して能動的なアクションを起こそうと思える程度には落ち着いてきていたのだと。

「でも、もう一度ライトを向けるには勇気が必要だった。どうあれ自分の常識の外にあるものを認識しなくちゃいけないわけで、それに対しての抵抗感みたいなものは強くあったよ」

Dさんが自身の恐怖感を克服しようと煩悶《はんもん》しているその最中、鹿のシルエットがぴょんと跳ね上がり、後ろを向いた。

「ああ！　しまった写真！　と思った瞬間だったね」

――南米から来た。

と、野太い男の声が聞こえた。

「は？　って」

――南米から来た。

声はもう一度そう聞こえ、そして鹿は藪の中に消えて行った。

「鹿の声だったのかどうか。子供の顔してたし、ああいう声でしゃべるようには見えなかったけれど、とにかく『南米から来た』って聞こえたんだよ」

町の方からは、断続的に花火の音が聞こえてきていた。

Dさんはその音を聞きながら、そそくさ車に戻ると、震えながら下山した。

「山を下りるまでは気が気じゃなかった。道路わきから、さっきのやつがまた出てくるんじゃないかと思って。ホントしんどかった」


南米から来たのなら、どうして日本語を喋ったのだろう？

「そんなこと言われたって知らないよ、鹿に聞いてくださいや」

その夜のできごとを、Dさんは会うたび知人や友人に語った。

そんな中、話を聞いたある人物が「津波じゃないか？」と言ったそうだ。

Dさんが人面鹿に会ったのは二〇一〇年。

その年の二月に南米チリの中部沿岸で起きた地震の影響で、日本の太平洋沿岸に津波が押し寄せ、Dさんの住んでいた町でも海産物の養殖業者などが大きな被害を被った。

「『南米の妖怪が津波に乗ってきたんじゃないの？』って言うんだけど、いくら妖怪でも太平洋を横断するのは厳しいと思うんだけどねぇ」
翌年にあった大震災の半年前の話である。

廃屋の住人

D氏は四十代の男性、単身赴任で町を転々としている。

彼が、ある町に配属になって半年ほど経った頃のこと。


仕事で毎日のように通りかかる道に、廃屋が建っていたという。

捲《めく》れたようになっているトタン屋根、外れて斜めになっている雨どい、窓ガラスは曇り、ところどころが割れている。

煤《すす》けたような色をした木造の二階建てで、元は何世帯か入れる建物だったのだろう、玄関らしきものは三つついており、それなりに大きい。

車で通りかかるたび「うわぁ、ひどい建物だなぁ」と思いつつ、ひどすぎてついつい見てしまう、独特の存在感があった。

どこからどう見ても、人が住めるような建物ではないのだが、しかし、どうも日によって誰か住んでいるように見えることがあった。

例えば、つい昨日通りかかった際は、明らかに誰も住んでいないように見えるいつもどおりの、ひと気のない廃屋なのに、今日通りかかってみると、出窓から洗濯物が干されていたり、あるいは窓が開いていて人影が見えたり、という具合。

「ずっと人がいないとか、あるいはずっと人がいるっていうんなら、まだ理解もできるんだけれど、日によって、ひと気があったりなかったりするものだから、気になってね」

土台、どう考えても人が暮らして行くのは無理そうな建物なのである、仮に誰かが住んでいるのだとして、一体どういう人物なのか確かめてみたいという気になった。

次にひと気があるのを確認したら、自社製品の営業を装って訊ねてみよう、そう思い、チャンスを待っていたある日、例の廃屋に洗濯物が干されているのを見かけた。

「洗濯物だけじゃなくて、玄関先で、母親と子供かな？　が追いかけっこみたいなことをして遊んでたんだ。これは絶好の機会だと思って」

廃屋の周辺には駐車スペースがないため、すぐ近くのコンビニの駐車場に車を停め、営業用のチラシをカバンに入れて廃屋へ向かった。

しかし、車から降り歩いてすぐ、道路を挟んだ場所から眺める廃屋には、すでに先ほどの洗濯物はなく、楽しそうに遊んでいた母子も見当たらない。

――おかしいな、ついさっきまでは……。

そのまま、道路を渡り、廃屋の敷地に足を踏み入れる。

あくまで営業で訊ねてきましたという風を装って、誰にともなく会釈をしながら「ごめんくださーい」と、庭先で声をあげるが、反応はない。

それもそのはずで、近づいてみれば、やはりボロボロの廃屋なのである。

ひと気がないのをいいことに、壊れた窓から中を覗いてみれば、畳どころか床板さえ腐って落ちており、人が住むどころか中に入っていくことすら苦労するであろう有様だった。

すると、ついさっきまでの光景は――

「見間違いじゃないと思う、だってそんなに遠くから見たわけじゃないんだもの」

それからも、例の廃屋には時々誰かがいるような様子があったが、あの日以来、D

氏は干渉しないようにしたという。

「幽霊みたいなもんだったとして、わざわざあんな廃屋に住んでいるんだったら奥ゆかしいじゃない。僕は何回もそれを目撃していたけど、あの建物が噂になったり、心霊スポットだなんて騒がれたりしたことはなかったから、きっとうまい具合に共存していたんだと思うよ」

その廃屋のある町を離れて数年、似たような廃屋を見かけるたび、未だに思い出すことがあるとD氏は笑った。

幻覚か幽霊

　Ａ君は大学新卒で地元の中小企業に勤めて十年目。

　年一回の昇給は雀の涙ほどで、今も新人の頃と殆ど手取りは変わらない。

「まぁ、もう三十越えましたからね、先々のことを考えれば転職なんかも考えなくちゃならないような給料ですよ。ただねぇ……」

　どうあれ十年も続けてしまうと惰性で仕事をこなせるようになる。やりがいや充実感はないが、その代わりに緊張もストレスもないため、居心地は悪くない。

「こなせない仕事量じゃないですし、職場にしろ取引先にしろこれまで培ってきた人間関係なんかを考えると、転職するのも面倒くさい気もするんです」

　今の会社では、この嫌煙時代において自由にタバコを吸うこともでき、昼休みには小一時間昼寝をする余裕もあるそうだ。ＩＴ技術に疎《うと》い年かさの社員が多いため、そういう意味では頼りにされており、大きな顔もできてしまう。

「せめてあと十万ぐらい基本給が増えれば文句ないんですけどね」

そんなA君は、ここ数年、積極的に仕事をサボっている。

「ちょっとだけ遅刻するとか、人よりも早く帰るとか。あるいは便所でスマホ見て時間潰したり、パソコンで仕事しているふりをして関係ないサイトを見るとかですね。そんなこんなで一時間から二時間は時間潰せるんです」

一日一時間でもサボれば、それが積もり積もってひと月あたり三日は休んだことになるため、計算上は給料を三日分ちょろまかしていることになる。彼はそれを「薄給労働者の知恵ですよ」と言い、自嘲した。

しかし、そんな勤務態度であっても誰に見咎《みとが》められるわけでもないらしい。先輩社員は殆どが五十代で、彼らもたいがいだという。

「産業としても会社としても社会的な役割はとっくに終わっているんですよ。だからこれ以上同じ内容の仕事をこなしていっても規模はどんどん小さくなっていくばかりで先がないんです。それを皆わかっているから、もうあんまり頑張らないで定年まで適当に逃げ切ろうっていう、そういう雰囲気で」

彼の後に入社してきた社員は殆どが数年で職場を去っており、A君が実質的には未だに一番の下っ端だそうだ。

「そんな下っ端に給料ちょろまかされてる会社なんてもうだめでしょ」

時々、先輩に誘われて飲みの席に顔を出すと「昔は良かった」「先代の頃なら」「大社長が生きてたら俺らは殺されてるな」などという、自虐的な話が毎回のように繰り広げられる。

「俺は先代の社長のことは知らないんですけど、ずいぶんとカリスマ性のある人だったみたいです。今の社長は悪い人じゃないんですが典型的なボンボンで人の使い方を知らないんだって。だからこんなんなっちゃったって、全部人のせい、社長のせいって感じで。ホントに腐ってるっていうか、だめだめなんです」

そのだめだめの環境に適応しているA君自身もだめだめなのである。

「まぁ……俺ももう腐ってるっていうか……ある意味ノイローゼっつうか……」

「ノイローゼ？　さっき『ストレスはない』って言ってたのと矛盾しない？」

「ああ、いや、ストレスはないんです。少なくとも精神的に辛いとかって自覚はない」

「じゃあノイローゼってなに？」

「説明としてノイローゼっつうか、そう言うしかないみたいな感じです」

「どういうこと？」

「いや、小田さんだから言うんじゃないですけど『見える』んですよね、妙なモノが」

「幽霊みたいなものってこと？」

「うーん……まぁ『幽霊的』ではありますね……」

「何が見えるの？」

「額縁に納まった大社長の写真です」

「それは『在るモノ』なの？『無いモノ』なの？」

「いや、実際に同じものはあるんですけど、そこにはないんです」

「ちょっとわかんないな、どんな？」

「ようは社長室に飾られている先代の社長の写真が、額縁に入った状態で色んな所に出てくるんです『あっ』って気付くとスッと消えちゃう」

「写真が幽霊的に現れるってこと？」

「そうですね。『現れる』っていうか、正確にはそれが『見える』ってことです」

「ふーん、四六時中見えたりするの？」

「それが……俺が会社でサボっている時に限って見えるんですよね」

「なんか、脅迫的な感じだね」

「脅迫的っていうか『強迫的』ですね、心理的な意味で……俺個人の問題ですし」

「んん？　だって先代社長が『仕事しろ』って怒って出てきてるんでしょ？　ソレって」

「そんなワケないじゃないですか、幽霊じゃないんだから」

「いやいや、幽霊でしょそんなの」

「すぐそうやって幽霊とか言いますよね、止めてくださいよ」

「じゃあ何なのよ？　ワケわかんないこと言わないでよ」

「ワケわかんないのそっちでしょ、幽霊とかそんなんじゃないっすよ。だから『ノイローゼ』って言ったんです。俺がそれを『見ちゃってる現状』があるだけで、幽霊がどうとか言う話じゃないです」

「ああ……なるほど……幽霊じゃなくて自分のアタマの方がどうにかしちゃったっていう解釈ね、それはまぁ、君がそれでいいならいいんだけど」

「いいってわけじゃないですけど、自己分析するとそうなるかなって」

「どんな自己分析？」

「まぁサボっちゃってますからね。給料をちょろまかしている罪悪感っていうのが多分あって、俺の無意識が『仕事しろ』って強迫的に迫ってきているのかなと……その象徴が先代社長の写真っていう」

「たかだかひと月に二日三日サボったところで無意識の罪悪感もクソもないでしょ」

「じゃあ二日三日サボってるのを見咎めて先代が幽霊になって出てくるんですか？」

「……」

「……」


「そんな風に自己分析できるんなら大丈夫なんじゃないの？」

「俺も大丈夫だと思ってますけど見えるものは見えるんで」

「めんどくさいね」

「めんどくさいっすよ」

「怖くないの？」

「怖いっすよ、ああいや、幽霊がどうこうっていう意味じゃなくて『サボっている罪悪感でそんなものを見てしまうほど、無意識に刷り込まれた社畜根性』が怖いっす。俺はノビノビ育ってきたんで、いつの間にそんな人間になってしまったんだと思うと、怖いっす」

「だったら幽霊だってことにすればいいじゃない、意地張ってないで」

「幽霊だってことにして何か解決するんですか？　かえって怖くなるだけでしょ」

「先代の意向を汲んで一生懸命働くとか……」

「給料も上がらないのに？」

「世知辛《せちがら》いなぁ」

「幽霊だったとしたらホントどうしようもない。昭和一桁生まれの価値観で脅迫してきているんだとしたらホント危ない、取り殺される」

「あはははは、職場変えたら？」

「居心地はいいんすよねぇ、給料安いけど」

「どうしようもないねぇ」

「どうしようもないっすね」

食べられた記憶

「私、ちゃんとした記憶って中学一年生の頃からしかないんだよね。小学生より前のできごとって、全然実感ないの。もちろん写真とかビデオとか残ってはいるんだけれど、そこに写っている私って、私じゃないような気がしていて。物心つくのが遅かったっていうことなのかな？　なんか遠いんだよね」

「でもその代わりに、多分海の中だと思うんだけれど、何かに揺られてのんびりと上の方を見ている記憶があるの。まぁ、多分、夢とか、あるいはアニメとかでそういうのを見て、たまたま強烈に覚えているだけだと思うんだけど……」

「うーん、でも違うかなぁ……違うかも知れない。うーん、私さぁ、その後で誰かに食べられた記憶もあるんだよね。いや、変な意味じゃなくって。文字通り、誰かの口のなかで咀嚼《そしゃく》されて、そのまま飲み込まれるっていう、そういう経験、っていうか記憶。そういうのがあるんだ」

「それまで平和に生きていたのに、いきなりそんなことになっちゃって、それでまぁ、それをね、小学校までのできごとと引き換えにしたみたいな感じで、ずっと覚えているワケだよ。メルヘンチック？　メルヘンかな、まぁ、とにかくそれで、食べられた後に中学生になっているっていうね、めちゃくちゃな人生を送ってきているのです」

「自分ではぼんやりしててよくわかんないんだけど、小学生までの私って、すごくのんびりした子供で、全然活発じゃなくて、図書室で本ばっかり読んでいたんだって。だから中学に上がってバスケ部に入るっていう話をした時にはビックリされて。親も驚いたし、クラスの子らも驚いてた『どうしたの？』って」

「ちょうど、その何か月か前に、私、生ガキを食べて当たって、それが結構重症だったみたいで、入院もしたらしいんだよね。いやホント全然覚えていないんだけどね。それ以降『Uは変わった』って、皆に言われるようになっていったみたい。ちょうどその頃からだよね『変わった』って、そう言われだしたころから『ああ、私は変わったんだな』っていう風にして物心がついたというか、自我が芽生えたというか」

「ああ、うちのお祖父《じい》ちゃんて、津波が来て廃業するまではカキの養殖をやってたから、それで、生ガキって小さい頃から結構食べさせられていたようなの。小さい頃の私は、養殖用のイカダから海の中を覗き込むのが好きだったんだよと、以前お祖父ちゃんに言われたけれど、それも全然覚えてないんだよねぇ、でも、その時の想像力なのかなぁ、海の記憶」

「みんなさぁ、まともに『自分になった』っていう感触、どの辺から覚えているんだろう？　前に聞いた時は小学校二年生ぐらいっていうのが多かったけど、十代の頃と二十代とでは、その辺の感覚も違うだろうし。でもなんか不思議な感じしない？　いつの間に自分になったんだろうっていう」

「もっと言って良い？　さっきメルヘンって言ってたけど、それに輪をかけるような話として聞いて。私、カキだったことがあるんじゃないのかなと、そう思ったりするんだよね。あの時食べられたのが私で、食べたのが前の私で。それでちょうどカキに当たって弱っているところで、前の私を追い出して今の私になったみたいなさ、それでつじつま合うと思わない？　のっとっちゃったっていう」

「前の私？　わかんない。今の私が子供の頃の記憶を持っていないってことは、死んじゃったんじゃないのかな……アハハ」

虫の知らせ、あるいは道連れ

Eさんが暮らす町には、ここ数年、外国人が増えている。

中でもインドネシアやベトナムなど、東南アジア系の人間をよく見かけるという。

「ほら、あんまり評判の良くない『技能実習生』とかっていう制度があるじゃない？ ああいうので労働力として期待されてやってきているんだと思う。毎日のように町で見かけるから、結構な人数がいるんじゃないかな。でも見かけるだけで話したことはなかったんだ」

言葉が通じない可能性を考えると、興味はあってもコミュニケーションのハードルが高く、困っているような姿を見かけたところでスルーしてしまう。

「小さな町だしさ、せっかく来てくれているんだからもっと交流を深めるべきなんだよね」

そう言って、以下を話してくれた。

その日、Eさんは急に体調が悪くなった。

「午前中まではなんともなかったのに、昼休みにウトウトしてたら突然だった。首から両肩にかけて、何か重いものでも背負っているみたいに苦しくなったの」

当初は我慢していたが、次第に頭痛や眩暈《めまい》まで生じてきた。ついに耐え得られなくなり、会社を早退して病院を受診した。

「詳しいことは検査してみなくちゃわからないけど、恐らく過労とかストレスじゃないかって。眩暈をおさえる薬と漢方薬を処方してもらったんだ。それでも症状が続くようなら後日改めて検査しましょうと、一応、採血だけしてもらった」

確かに仕事が忙しい時期であり、毎日のように残業を続けていたため、医者の指摘は妥当に思えた。

「体は調子悪いままだったけど、薬も貰えたしってことで気分は上向いたから」

病院から自宅までは徒歩で十分ほどの距離。途中のコンビニにも寄りたかったので、歩いて帰宅することを決めた。

ふらつく体をコントロールしながら歩くこと数分、行きつけのコンビニが目に入る。

「駐車場にさ、外国人の若い子らがたむろしてたんだ。多分インドネシア人」

これまでも何度か同じような光景を目にしており、特に気にすることもなくその前を通り過ぎた。

「なんかジロジロ見られている感じはあった。多分私が具合悪そうにしているからだと、その時は思ったんだけど」

Eさんが買い物をしているあいだ、何人かのインドネシア人が、窓の外からEさんの様子を伺うようにしているのがわかった。

——？

不審に思いつつ、レジを済ませて店を出ると、彼らはEさんに近づき何事か言う。

「私を指差して『オバサン、オバサン』って繰り返すの。イラっとして」

さっきからいったい何なんだ？　体調の不良もあって精神的な余裕もなく、Eさんは彼らを睨み付け背を向ける。

——チョットマッテ！

するとそう言って、今度は彼らのうち一人が、Eさんの進行方向に回り込んできた。

「もう、ホントうんざりしちゃってね」

厳しい表情のまま、無言でそのインドネシア人と対峙する。

すると彼は「オバサン　イル　オバサン　イル」と、ジェスチャーを交えながら同じ言葉を繰り返す。

「最初は私のことを『おばさんだ』って言っているのかと思っていたんだけど、どうもなんだか様子が変なのね」

彼はいたって真剣な表情で、何か大事なことを伝えようとしている風に見えた。

その様子からは、Eさんを揶揄《やゆ》するようなニュアンスは感じ取れない。

「でも、私としては理解できなかったから、具合も悪かったし」

それに付き合うことはせず、首をふってその場を離れようとした瞬間——

バォウッ！

「その子にすごく大きな声で叫ばれて、私ビックリしちゃってさ」

Eさんに向けて放たれた、犬の鳴き声のような咆哮《ほうこう》。

ビクッと体を震わせ、目も合わせずに駆け出した。

「怖い怖いって、それだけだった。一体なんなのよって」

そのまま、しばらく走った後で気付いた。

「肩が軽くなってて、さっきまでの具合の悪さが一切なくなってるの」

不思議なこともあるものだと、キツネにつままれたような気持ちで自宅に向かう途中、けたたましいサイレンとともに救急車が通り過ぎた。

「ちょうどうちの前の角を曲がったところで、サイレンが止んでね」

胸騒ぎがして、歩く速度を速める。

角を曲がると、救急隊員が患者搬送用のストレッチャーをEさん宅に運び込んでいるのが目に入った。

――え？

慌てて玄関に駆け込むと、母親がオロオロと不安げな様子で行ったり来たりしている。

救急隊員はストレッチャーにEさんの祖母を乗せ、体をベルトで固定しはじめた。

「パートから帰って来たうちの母が、倒れているお祖母《ばあ》ちゃんを見つけて、救急車を呼んだんだって。ちょっとボケてたけど、朝までは元気だったんだよ」

祖母の顔面は蒼白で、声掛けにも全く反応を返さない。
病院に着いた頃には、すでに心肺停止状態となっており、そのまま亡くなってしまった。

落ち着いてから色々考えたんだよね——と彼女が言う。

「あの日、私が急に具合悪くなったタイミングで、お祖母ちゃんに何かあったんじゃないかなって……それで私を頼って『虫の知らせ』じゃないけど、私の所に来たんじゃないかって、そう思うの……その影響で具合が悪くなって、早退して、ギリギリだったけれど結果的にお祖母ちゃんの死に目に間に合ったわけで……」

すると——「そう、あのインドネシアの人は私に『おばあさん　いる』って伝えたかったんじゃないかなと……」

しかし……

「うん、そうだとすればさ……犬のように吠えられた後で急に体調が良くなったってことは、どういうことなんだろう……」

今も、彼女はコンビニにたむろしているインドネシア人たちを目にするそうだが、あの時の彼がその中にいるのかどうか、もうわからないそうだ。

「顔がね、見分けつかないんだよ。彼らの方からも話しかけてきたりしないしね。ほんと、あの時、もう少し上手くコミュニケーションを取れればよかったよ」

嘘から出たまこと

今から十年ほど前の話。

当時、W君の家では悩ましい問題が立ち上がっていた。

「うちで所有している山に色んなゴミが捨てられるようになったんだ」

冷蔵庫やテレビ、壊れた家具など様々だった。

「いわゆる不法投棄っていうやつだよ」

隣県との峠に面したW家の山は、民家から離れていたこともあって投棄の現場を押さえることが難しく、ほとほと手を焼いていたという。

「特にうちの祖父《じい》さんが怒りまくっててね。山に自分で手入れしていた畑があって、ちょうどそこにゴミをポンポン投げ込まれるモンだからさ」

お祖父さんは畑の側に掘っ立て小屋を建て、夜通し監視したこともあった。

しかしそんな時に限って、ゴミの投棄は行われない。

「そりゃあ相手も見ているだろうしね、もっとも道路からそのままポイだから、現場を押さえたところで犯人を捕まえられるかって言ったら難しかっただろうね」

不法投棄を止めるよう促す看板を立てたり、夜中に車を走らせて見回ったり、地道な予防策を講じたものの、成果はあがらなかった。

「最初のうちは、味をしめた一人か二人がやっていた事だったんだろうけれど、何か噂でも広まったのか、時間が経つにつれ捨てられるゴミも増えてきて、文字通り『ゴミ山』になりつつあったんだ」

捨てられるたびに自治体や警察に連絡をするが、話を聞いてはくれるものの、ゴミの処分に関しては全く力を貸してくれなかった。

「そんなこんなで祖父さんはすっかり荒れちゃってね。ゴミを捨てる奴らだけじゃなく、役所や警官に対しても『クソ税金泥棒ども』なんて、食って掛かったりして」

もう畑を耕すどころではない。お祖父さんは意見の食い違いからW君の両親とも折り合いを悪くし、家庭でも孤立していった。

「祖父さんはひとっつも悪くないんだけどね、言っていることもやっていることも、まっとうなことなんだけどさ。でも仕事上がりの親父に『夜通し山を見張るぞ』って、それを強要したりするのはね……やりすぎだったよな」

八方ふさがりな現状を前に、お祖父さんはやがて力を無くしていく。

「すっかりしょげかえっちゃって、見てて可哀そうだった」

そんな頃――。

W君の祖父母は地区の敬老会が主催した二泊三日の温泉旅行に参加した。

いじけてしまったお祖父さんを慰めようと、お祖母《ばあ》さんが熱心に誘ったのだった。

「ちょっとでも気分転換になればいいなと思ってたんだけど」

温泉から帰って来たお祖父さんは、猛然と〝あるもの〟を作り始めた。

「神社なんかにある鳥居なんだよね、あれの小さいやつ」

板を組み合わせ、まっ赤なペンキを塗り、出来上がった数十個の鳥居もどき。

お祖父さんが何日も時間をかけ作り上げたそれらは、不法投棄が集中していた畑の近辺だけではなく、道路に面した山の木々に、十数メートルおきでくくり付けられた。

「なんでも温泉に向かうバスに乗ってた時に、同じように鳥居がくくり付けられた峠道を通りかかったらしいんだ。不思議に思った祖父さんが温泉宿で聞いてみたら『ゴミの不法投棄対策なんです』って、そう聞かされたらしい。ずいぶん効果があったとかで真に受けちゃったんだよね」

そして実際、W家の山においても、それは大きな効果をあげた。

憑かれたように鳥居を作り始めたお祖父さんを、怪しみながら眺めていた他のW家の面々も、これには驚いたという。

「日本人の宗教観にダイレクトに訴えかける手法っていうかね。まぁ、どうあれ人の迷惑を考えない自分本位な連中なんだろうから、結局見つからなければどこに捨ててもいいわけで、だったらバチが当たりそうな場所をわざわざ選ばないってことなのかな」

してやったりという顔のお祖父さんだったが、しかし今度は、お祖母さんの方に問題が生じた。

「祖母さんは『神様をなんだと思ってるんだ』と怒ったのさ。祖父さんがやったことが、神様の威を借りる不敬なマネに見えたんだろうね」

お祖父さんにとっては、不埒な輩《やから》を気の利いた頓智《とんち》で追い払ったにすぎないこと。

しかし、お祖母さんにしてみれば、そんなお祖父さんこそが不埒な輩に見えたのだろう。

「まぁ、祖父さんの方が進歩的っていうか、頭が柔らかかったのかも。でも祖母さんはそういう意味での融通が利かない人だったんだ」

お祖母さんは、お祖父さんの行為がどうしても許せなかったようで「鳥居は外すべきだ」と強硬に主張した。

「でも祖父さんにとってみれば念願かなった会心の一手だったわけでね。外すわけがないんだよ。『山がゴミだらけになってもいいのか！』って、一歩も譲らないんだわ」

やがて二人は、お互いの顔をみるたびに悪態をつくまでになった。

「寝室なんかも別々にしてさ、いい年こいて何やってんだっていう」

そんな日々が続くなか、W家に異変が起きはじめる。

「まずは家鳴りがすごくなって、ピッシピシ鳴るんだ」

時には、生木を裂くような音が、どこからともなく聞こえてくることもあった。

「そんで次は、食器が勝手に割れたり、やたらとガラスが割れたりね」

深夜、けたたましい音に驚いて飛び起きると、玄関のガラスが粉々になっていた。

「さすがにやべえなってなったのは、うちが地震みたいに揺れるようになった時」

家が壊れるのではないかという程の揺れがおきるが、しかし、テレビでもラジオでも、地震の報道はなされない、ということが頻回に起こった。

「祖母さんはさ『ホレ見ろ』って言うんだ。その頃になると祖父さんもさすがに参ってきてたみたいでね。つーか俺も両親も、かなりビビってたから」

試しに鳥居を全て撤去したところ、妙な現象はピタリと治まった。

※

少し横道にそれるが、これらのできごとに関して、W君なりの考えがあるとのこと。

「俺もさ、そんな妙なことがあったんでちょっと『そっち系』のことに興味を持って調べた時期があったんだけど、うちで起こったことって、いわゆる『ポルターガイスト現象』っていうやつだと思うんだよね。それでこのポルターガイストって、思春期の女の子が住んでいる家に多いんだって。二次成長期を迎えて、身体的にも精神的にもストレスを感じるようになった女の子が変な力を発揮しているんじゃないかっていう、そんな話があって」

しかし、彼の家に思春期の女の子などいない。

「まぁそうなんだけど、強いストレスを抱えていたっていう意味では、うちの場合は祖母さんがそれに当てはまるのかなと思うんだ。思春期と老後っていう違いはあるけれど、どちらとも自分の体がままならなかったり、精神的に不安定になるっていうような要素は似通っているでしょ？　だから、当時の妙なできごとの原因は祖母さんにあるんじゃないかっていうのが俺の見解」

※

鳥居を外しても、しばらくの間はゴミの不法投棄はなされなかった。

「でもまぁ、倫理観の欠如した奴らってのは、吐いて捨てるほどいるんだろうね」

そのうち再び、一つ二つと、捨てられはじめる粗大ゴミ。

「祖父さんは、なんだかんだで祖母さんとヨリを戻してたし、また妙なことが起こるのは俺らとしても勘弁だったんで、鳥居作戦をもう一度ってわけにはいかなくて」

そこでとうとう、W君の父親が動いた。

畑が見下ろせる、つまりゴミが投棄されるポイントに、自費で小さな社を立てたのである。

「祖父さんの案と、祖母さんの宗教心の間を抜くみたいな好プレーだった。さすがに二人の息子だけあるなと」

形ばかりとはいえ、しっかりとした社であり、これにはお祖母さんも文句のつけようがなかった。

「山で見つけた大きめの石をご神体ってことにしてね、山そのものを祀《まつ》るんだから不敬じゃないって、そんな言葉で祖母さんを納得させて。祖父さんは祖父さんで、それを真に受けて毎日拝みに行ったりしてさ」

その後、ゴミの不法投棄は減ったものの、全く無くなったわけではないという。

――でもね。とW君

「祖母さんは五年前に、祖父さんは一昨年亡くなったんだけどさ、親父が『この二人を祀ってみようぜ』って言うから、ご神体とは別に社の中に小さな祭壇を作って、二人の遺品を置くようにしたんだ。そしたら――」

去年、W家に菓子折りを持って訪れた男がいた。

「ゴミを捨てたらしいんだ、うちの山に。そしたらその晩に『謝りに来い！』って、何者かが枕もとに立ったんだって。それでわざわざ調べて、うちにやってきたわけ」

W家の仏間で、その男が平身低頭手を合わせている最中――「仏壇に乗せていた茶碗が音もなく割れてね、お茶がこぼれちゃって」

それを見た男は急に苦しみ出し、救急車を呼ぶ騒ぎとなった。

「結局、ただの過呼吸だったみたいで、なんてことはなかったんだけど」

その後、男は熱心に例の社を拝みに来るようになってしまった。

「いやさ、さすがにね、俺は社が立つまでの経緯も知っているし、ちょっと手の込んだ注意看板みたいなもんだと思ってたんだけどね。だってご神体は親父が山で適当に拾って来た石なんだし、祖父さんと祖母さんの遺品つったって、二人が使ってた入れ歯だよ？　そんなもんをねぇ……」

と、思いつつ、最近は彼自身ことあるごとに、お参りに行って手を合わせているという。

ミサイルと残像

とあるスナックにて、七十代の男性Nさんの弁。

去年、ミサイルが飛んで来た日のこと。

「いや、一回目ん時はさ、状況もわがんねぇままに、ただおっかねぇ思いして終わったのさ。朝方に急にピンポンピンポンって携帯鳴ったべ？　俺はまだてっきり地震速報がど思って飛び起ぎだわげさ。したっけ何なに、ミサイル飛んでくるっつぅんだもの。ほんとにたんまげで。慌ででテレビ付けだっけ、東北地方の方向にミサイルが発射されましたってさ。頑丈な建物だの地下だのに避難しろってもなぁ、こっちは築五十年の木造平屋に住んでるっつのに」

「わたわたって、俺も臆病なもんだがらさ、いでもたってもいられねぐなって、家の外に出はってハァ、誰でもいいがら近所の人の顔見でくてよ、今ずに死んかもわがんねぇっつのに、家の近所ウロウロしてだわ。だれ、あの震災以降さ、いづ何がどうなっかなんて分がんねぇもんだど、どっかでそんな気持ちあるわげだがら、覚悟みでぇなもんはしてだつもりだったげんとも、さすがにミサイルっつのは意表突かれだな」

「東北地方つっても、ミサイルの対象地域は広がったがら、まさが俺が住んでるどこさ降って来るなんて無ぇべなって、どっかでそんな風にも思ってだのは確か。でも万が一っつうごどもあっぺした。んだがらよ、ホントにあの何分間は生ぎだ心地しねがった。東京だの、西の方だの、あっちは対象地域がら外れったがらさ、分がんねべおん。ミサイルの警報出だだげで、死ぬような思いしたって、あんな気持ぢ……。これ対象地域が人口の多いあっちのほうだったら、もっと騒ぎになってだべなって、その後で話語りしたっけな……」

「だがらさ、あの後二週間ぐれぇして、二回目にまだあのサイレン鳴った時さ『岩手県沿岸にミサイル着弾』って、そう聞いだ時はもうダメだど思った。一発じゃねくてまだまだ来るって。テレビではっさ、撃ち落とせるミサイルには限りがありますからなんて騒いでんだもの、これダメだど思って、コンクリの建物に避難しねぇど死ぬど思って、着の身着のまま、あっちゃこっちゃ走せでよ、そんで、あそごのガード下に、だれコンクリの建物なんて辺りほどりにねぇんだものよ、仕方ねぐ、ガード下に入えって、体小っちゃこぐして、震えったでば」

「なんも考えられねがった、生ぎるも死ぬもなくて、ただおっかなくて、そのまま固まって動がねで居たらばさ。会長さん、自治会の会長さんが自転車で来て『アンダ何やってんのっさ』って、のんきなごど語るわげだ。ミサイル飛んで来るって、もうどごだがさ落ちだって、そういって大騒ぎになってんのに、コイヅなにボゲだごとぬがしてんだど、頭おがしぐなったんでねぇのって、そう思ったんだども、おがしぐなってだの俺の方だったんだな、あッはッは」

「ミサイルはとっくに本州とっこして、太平洋に落ちだっつって、寝惚げでんでねぇぞって、そう語られて……、だどもオラぁ確かに岩手の沿岸に着弾したっつぅのテレビで聞いだしな、しかもまだまだ飛んで来るって、そう叫んでだの聞いだんだ、にわがに信じられねぇような話だげんとも……そん時は俺も会長さんの言うごど信じられねがった。そっから二言三言話して、あの人は行ってしまったげんと、俺は動げねくって」

「んでも確かに、あれがらしばらぐ経ってんのに、さっぱりミサイル来ねがったし、あるいはホントに寝惚《ねぼ》げでだのがしゃねって、恐る恐るガード下がら出はってみだらば、学校さ行ぐ子供たちがあっちの方歩ってで、バイパスはいっつもみでぇに車走ってで、何も変わりのねぇ、風景なわげだ。ほんとに、恐ろしいぐれぇ、震え来るぐれぇ、変わりねがった」

「いや、俺も立派な後期高齢者だがらっさ、気が小さ過ぎで錯乱してだんだって、言われればそれまでよ、それでなくとも認知症だのなんだの、なってでもおがしぐねぇ歳なんだし……。んでもよ、あの日、本当にミサイルは降って来ねがったんだべが？

ホントはもう、俺も、みんなも吹っ飛ばされでで、ここはもうあの世なんでねぇべが？ あっという間だっつぅがらね、爆発に巻き込まれだら、わげわがんねぇまま死んでるなんてごども、あんでねぇの？」

「いまここでこうやって飲んでんのもさ、全部俺らが死んだ後で、ホントに死んだっつうごどを自覚するまでの、遊びの期間っつうがさ、成仏するまでの猶予みでぇな……生ぎでだ頃のなごりっつうが……、そういうごどなんでねぇべがって、あれがらそんなごど考えでる」

あの人の可能性

前世紀末、高校生だったR君はインターネットにハマっていた。

「ネットサーフィンとか、もう死語ですけど、そういう言葉がまだ現役だった頃です」

高校には友達もおらず、勉強もスポーツもパッとしなかった彼は、ネット空間に自身の居場所を見つけ、そこでのやり取りを心の底から楽しんでいた。

「サイバースペースっていうのも死語なのかな、でも僕の青春はサイバースペースの中にありました。学校での思い出とか殆どないですね」

スマートフォンもない時代。パソコンを使用しなければネット空間にはアクセスできず、その分だけ利用までの敷居は高かった。

「だからこう、なんか特別な感じがあったんですよ。今みたいに誰しもがネットを利用していたわけじゃなかったんで、アクセスするたび特別な社交場に来たみたいな高揚感があって」

日頃のなんともならない日常を忘れさせてくれる場所。R君にとって当時のネット空間は、文字通り、もう一つの現実だった。

「電話料金の関係で、気軽に四六時中ネットを利用できなかったんです。テレホーダイっていう電話接続料金定額のサービスが始まるのが夜の一一時からだったんで、学校から帰って来てすぐに寝てテレホに備えるっていう、そんな生活でした」

彼が好きだったのは、いわゆるアンダーグラウンドサイト。

「ほんとに、ただただ、あの空間にアクセスすること自体が喜びだったんです」

画像ファイルに埋め込まれたアドレスを辿って音楽ファイルを探したり。使い道のわからないソフトウエアを何日もかけてダウンロードしたり。人様の迷惑も顧みずに他所《よそ》の掲示板を荒らしたり。

「プログラミングのスキルとかなかったんで、アングラって言っても表面をなぞる程度のものでしたけど、当時の僕にとっては精一杯の背伸びでした」

そんな彼が、一番ドハマりしたのが、Aという掲示板サイトだった。

「スレッドフロー型の、後にそれをパクった巨大掲示板サイトが一世を風靡《ふうび》しましたけど、歴史的な意味で言えば、その前身に当たるサイトでした」

ジャンル別に、多種多様な掲示板を抱えたそのサイトに、R君は青春時代のほぼ全ての時間をつぎ込んだと語る。

「友達もいない、部活にも入ってない、特別な趣味もない、普段は誰にも相手にされないそんな僕でも『うんこ』って書き込んだだけで、色んなレスが返って来るわけです。誰かが相手してくれる。バカみたいですけど、それがホントに嬉しかったんですね」

なんら生産的なことをするわけでもなく、有益な情報交換があるわけでもない、雑談以下の言葉のやり取りを、ただただ繰り返す、それだけの日々。

「でもそれで救われたんです、それだけは確か」

そのAにおいて、彼は一人の人物と知り合った。

「本名はわかりません、ただハンドルネームはSさんって言って、僕よりも四、五歳年上の社会人の人でした」

　Aの中でも過疎板と呼ばれる、利用者の少ない掲示板で不毛な言葉の応酬を繰り広げていた二人は、そのうち意気投合し、夜通し語り合う間柄になっていく。

「僕がレンタルの掲示板を借りて、Sさんにだけそのアドレスを教えて。その日あったこととか、ウェブ上での面白そうな情報とかをネタにしてましたね」

　R君が高校を卒業し、大学へ進学してからもその関係は続いた。

「Sさんは高校を中退していて『俺の周りは馬鹿しかいない』って、ことある事に言っていて。それで僕が大学に進学することを伝えた時に『大学生の友達ができた！』と喜んでくれたんです。それ以来、僕のことを『先生』って呼ぶようになって」

　彼にとって、はじめてできた親友は、名前も知らない年上の人。

　大学生であった四年間も、R君は殆ど毎日のようにSさんとやり取りをした。

　当初は落書きのような意味のない短文の応酬だったものが、年を経るごとに徐々にまとまりのある文となり、やがてその内容は、それぞれの考えを意見し合う長文でのやり取りへと変化していった。

「僕が高校生から社会人になるまでの間、色んな意味でSさんに支えてもらいました。文字でのやり取りしかなかったけど、本当に財産と言って良いぐらいの関係だったと思います」

大学の卒業式を翌日に控えた夜のこと。

その日、中々掲示板に顔を出さなかったSさんは、深夜になってこれまでにないぐらいの長文を投稿してきた。

「僕との思い出や、ウェブコンテンツの栄枯盛衰、Sさん自身のことを振り返りつつ、社会人になる僕を激励するような文が綴《つづ》られていました。そして最後に『君と出会えて本当によかった、ありがとう』って」

当時、既に二人が出会ったAという掲示板サイトは消滅しており、ネット空間も以前のように特別な空気を感じさせるものではなくなってきていた。

彼らが愛した日本のインターネット黎明期は終焉を迎え、ブロードバンド化の波とともに、新しい飛躍のタイミングを待つばかりという、そんな時期。

「なんていうか、あの頃のネット空間は体感時間がすごく長かったんです。たった数か月が、現実の何年間かに相当するような、そんな感覚があって。だからSさんの投稿した長文を読んだ時に、一気にこみあげてきたんですよ……僕自身が大学生活を通して変わっていったってこともあるし、ネットの雰囲気も変わって来てたし、いろんなことが思い出になっていくのを実感したというか……」

R君は、その長文にどんな返信を返そうかと悩みながら、自分の部屋を出た。

「アパートの、国道を挟んだ向かい側にコンビニがあったんで、集中する前に飲み物を買って来ようと、そんな気になったんですね」

時刻は午前四時前、まだ暗い夜道を進み、四車線の国道で信号を待っていると、向かい側の歩道でしきりに何か動いていることに気付いた。

街灯に照らされているのは、茶髪の、ひょろっとしたホスト風の男。

白いスーツを着た彼は、信号待ちをしているR君に、懸命に手を振っている。

「え？　って思いました。ブンブン手を振っているんですけど、僕が知っている人ではなかったし、かといって、こっち側には僕以外は誰もいないし……」

不審に思いつつ、手を振ってくる男を見る。

その表情は、泣いているようにも、笑っているようにも、無表情のようにも見えた。

「うわッ気持ち悪っ！　って、そう思った瞬間……大きなトラックが通り過ぎて……」

トラックが過ぎさった向こう側に、あの白スーツの男はいなかった。

「一瞬で消えちゃったんです。直前まで一生懸命手を振ってたのに」

そのまま踵《きびす》を返すと、R君はアパートに走った、妙なモノを見たことをSさんに報告して、少しでも恐怖を紛らわせたかった。

——変な人見た！

そう掲示板に書き込んだが、反応は無い。

「まぁ時間が時間だし、寝ちゃったかなと諦めて」

飲み物は買えなかったが、朝までにはSさんに返信を返したかった。

「こっちはこっちで、長文を返してやろうと思いまして」

さっきまでの恐怖心はその思いの前に消え、夜明けまでかけて長い返信を書き込んだ。

「なんて返してくれるかと、緊張しながら送信ボタンを押しました」

しかしそれ以降、二日経っても三日経っても、Sさんからの返信はなかった。

「掲示板のカウンターは、俺がアクセスした分しか増えてなくて……」

Sさんが現れないまま、数年後そのレンタル掲示板もサービスを停止した。

「何回か、Sさんのアドレスにメールを送ってみたんですけどそっちもダメでした」

※

「これなんですけど……」

手渡されたのは、Sさんが最後に書き込んだという例の長文をプリントアウトしたものだった。

「どう思いますか?」

一目見てピンと来たが、率直な感想を述べるのを、若干躊躇《ためら》った。

「思った通り言ってみてください」

促され「遺書だと思います」と返した私に、R君が頷《うなず》く。

「僕も、当時はそんなこと夢にも思わなかったんですけど、今になって読み返してみると、これ、どう考えてもそうなんですよね……確かに思い出してみれば、精神的に不安定だっていうようなことを言ってたなって。僕はまだ世間知らずだったんで、社会人って大変だなぐらいにしか、当時は思ってなかったんですよね……」

R君は社会人になってから、この文をたびたび読み返しては力をもらっていたという。

「それが、あるときふと『アレっ？』って思って。多分、この文を書いた時のSさんと同じぐらいの年になった頃だったと思います、二十代の後半」

それ以降、何度読み返しても遺書にしか思えなくなった。

「あの時、国道で手をふってたのって、Sさんだったんじゃないかなって、しばらく前から、そう思うようになりました……」

今はもう、仕事と調べもの以外の目的でインターネットにアクセスすることは無くなったというR君は、そう言ってうつむいた。

ちゃんかちゃんか

小さい頃、言うことを聞かなかったり、だだをこねたりした時に、親から「お化けくるよ！」みたいに言われませんでした？　え？　あぁ、はいはい「モー」とか「モッコ」っていうのは東北地方では結構言われるみたいですね「モーが来るよ」って。

ええ、僕の場合は「ちゃんかちゃんかになるよ」って、そう言われてました。両親じゃなくて祖母にですけどね。うちは共働きで、親は殆ど家にいなかったんで、僕は小学校ぐらいまでは祖母に育てられたようなもんなんです。

それで「ちゃんかちゃんか」なんですけど、不思議に思いませんか？「お化けが来るよ」でも「モーが来るよ」でも、ようは家の外から怪しい何かが「来る」から、それに連れて行かれたくなければ言うことを聞きなさいっていう、そういう脅し文句ですよね？

でもうちの場合、「ちゃんかちゃんか」に「なる」なんですよ。なんとなく「アホになるよ」みたいなニュアンスはありますけど、わかりませんよね？　だから僕も子供ながらに違和感はあったんです「ちゃんかちゃんかって何の事だよ」って。むしろ楽し気な雰囲気すらしてくるっていうか、ええ、ちょっとリズム感ありますよね、お祭りみたいな。

僕はそれを、小さい頃に繰り返し言われていたので、ずっと覚えてたんですね。それである時、高校生ぐらいだったと思いますけど、当時はまだ祖母も元気だったので訊いてみたんです。「ちゃんかちゃんかになる」ってどういう意味だったの？　って。

そしたらこれ、元になったのは祖母の子供のころの体験だったんです。うちの祖母は大正時代に海沿いの集落で生まれて、そこで暮らしていたんですけれど、その集落に「ずっと踊り続けている男の人」が居たらしいんですよ。下手すると殆ど寝たり食べたりもしてなかったんじゃないかって、そんなわけないですけどね、祖母は真顔でそう言ってました。

それで集落の子供たちは、その踊っている人の家に行ってですね、それを見ながら「ちゃんかちゃんかちゃんかちゃんか」って声をかけて、合いの手みたいにして囃《はや》し立てていたそうなんです。祖母の話だと、妙な大人を子供がからかっているっていう構図だったらしい。

ただね、それが他の大人に見つかってしまうとすごく怒られた。踊っている人自身は、子供にそうやって囃し立てられると嬉しそうな顔で、いっそう激しく身振り手振りしたって話ですけど、それは、他の大人に見つかってはダメなことだったみたいなんです。

でも、だからこそ子供は魅かれるわけ。怒られるからこそ尚更それに興味が向いちゃうってこと、ありますでしょう？　祖母たちもそうだったみたいで「ダメ」って言われれば言われるほどやりたくなる、その人の家に行って「ちゃんかちゃんか」言いながらからかうことが楽しくて仕方ない。ただ、そうやって遊んできたことが親とか大人にバレちゃうと「あんなもの普通は見えないんだから！」って、大目玉をくらうと。

ね？　この辺から怪しくなるんです、この話。

ようは祖母を含め子供たちはそれを「頭がおかしいだけの実在の人物」と捉えていたわけです、でも、祖母が言うところの大人の反応を考えれば、どうもその認識は違うんじゃないかと思わざるを得ない。ええ？　ああそうですね、確かに「社会的に無かったことにされている人」という線もあるにはありますね、村八分っていうかね。

まァ、祖母の話を続けるとですね、踊る人は、ある日を境に突然どこかに消えてしまったらしい。いつものように集落の外れの家へ皆でからかいに行ったら、そこには誰もいなかった。ガッカリして、帰ろうとしたところ、一緒に居た祖母のお兄さん、一番歳の近かったお兄さんって人が、急に狂ったように踊りだしたと。まるで、居なくなってしまった、踊る人が乗り移ったみたいに。

そしてそのまま、三日三晩踊り続けて亡くなったそうなんです。夜も寝ないしご飯も食べない、最後は縛り付けられて動けないようにまでされたのに、首だけはこう、リズムでもとるみたいにずっと動かして。どこか遠くをみているような、すごく楽しそうな表情だったらしいんですが、何を言ってもきかないし、喋りもしないまま、最後はパタッと動かなくなって、そのまま。

それが祖母にとってすごく恐ろしい思い出だったみたいで、後に僕が生まれて、言うことを聞かなかったり、うるさく騒ぐような時には「ちゃんかちゃんかになるよ」って、自分が親の言うことを聞かなかった時の失敗を重ねてね、脅していたつもりだったようです。

僕は僕で、祖母がキツイ口調で「ちゃんかちゃんかになるよ！」と言うものだから、それが何なのかわからないままに、子供ながら空気を読んで、大人しくするようになったと。

まぁ、そういう話なんです。踊る男の人っていうのが、実際に存在していたのかどうか、あるいは、祖母の親が言うように「普通は見えない」存在だったのか、ハッキリしたところはわからないんですけどね。

祖母はね、晩年は認知症になって介護施設に入ってたんです。それでよく、こうやって車椅子に座ったまま、ニコニコしながら手を使って踊りみたいな動きをしてたんですよ。もう意志の疎通はできなかったし、僕が行ってもどこの誰かわからなくなってましたんで、ちょっとイタズラ心でね、祖母の耳元で「ちゃんかちゃんかちゃんかちゃんか」って、リズミカルに言ってみたことがあって。そしたらね、声出して笑いながら激しい身振りでね、こうやって手を動かすんです。

よっぽど思い出深かったというか、トラウマみたいになってたんでしょうね。

山の後ろの海

現在三十歳の同級生同士、T君とI君の二人から伺った話。

海沿いの町で大雪が降ったある日のできごと。


T君とI君はその日の夕方、共通の友人から電話をもらった。

「雪で滑って転んで、手首を骨折したっていう話で」

「うん、それで車の運転ができないから、俺とコイツとで家まで送ってくれないかと」

それぞれ仕事終わりに、友人Y君を町の総合病院まで迎えに行ったそうだ。

「そんで、Yの車の助手席にヤツを乗せて、俺がそれを運転して」

「俺がその後ろから、帰りにTを乗せるために自分の車で追っかけてって」

既に日が落ち、積もった雪が凍り始めており、道路は危険な状態だった。

「ズルッズルで、こんな状況では手首にギプス付けた人間が車は運転できんよなと」

「最徐行で進んだよ、事故ってこっちまで怪我したらシャレにならんつって」

二人とも、Y君の家がどこにあるのか知らなかった。

ただ、隣り町の中心部から大分山間に入って行ったところだという話は聞いていた。

「送ったはいいものの、今度はこっちが帰って来られるか心配だった」

「この上、もっかい雪でも降って来たら最悪だなって言ってたよね」

その予感は的中し、Y君を家に送り届けた頃には猛吹雪になっていた。

Y君は申し訳なさそうに「危ないから今日は泊まっていってはどうか」と提案してくれたそうだが、二人は帰ることを選択した。

「流石《さすが》にね、親と同居している家に泊まるってのもどうかと思って」

「俺は運転に自信なかったんで、泊ってもいいかなって思ってたけど……」

視界が殆ど得られないほどの猛吹雪、どこからどこまでが車道なのかすらわからない状況。

さっきまではY君がいたのでなんとかなったが、帰りの道は難儀しそうだった。

「Iがかなりビビってたんで、だったら俺が運転すっか？　て言ったんだよな確か」

「そう、他人に自分の車を運転されるのは嫌だったけど、さすがにそうも言っていられないような天候だったから、Tに運転してもらうことにしたんだ」

強烈な吹雪の中、細い山間部の道を進んでいく。

さっき通った道だとはいえ、二人に土地勘はなく、視界状況は最悪、路面状況も最悪。

「これ、車が進まなくなったら遭難すんなって、そんなこと言いながら」

「それがぜんぜんシャレになってなくて、やっぱりYの家に泊まればよかったと」

しかし引き返すにも、もはやどこをどう走ればY君の家なのかわからなくなっていた。

車の轍《わだち》も降って来る雪によってすぐに覆い隠されてしまう。

ナビのついていないI君の車では、進行方向すら見失いそうだった。

「俺の車で来てればよかったなって」

「まさかね、すぐ隣り町だと思ってたらこんなことになるなんてって」

途中で停まってしまっては、雪に埋もれてしまう可能性も十分にあった。

道路を慎重に選びながら、やがて、二人は恐ろしくなってきた。

「事故ったわけじゃないけどＪＡＦとかに連絡しといた方がいいんじゃないのと」

「でも場所がどの辺なのかすら定かじゃなかったからそれもできず」

携帯電話のアンテナは立っていたため、それだけが安心材料だった。

二人を乗せた車は、とにかく大きな道路を目指し、ひたすら進んだ。

「早く信号が見てぇ、早く信号が見てぇってな」

「信号どころか、対向車もなかったからね、Ｙの奴はとんでもねぇ場所に住んでるなって」

恐怖心を紛らわすため、Ｙ君に悪態をついて盛り上がる。

しかし、とうとう――

「道がわからなくなった、進んでも進んでも大きな道路に出なくって」

「明らかに、Ｙを乗せてきた時よりも時間がかかってて、これ、道間違えたんじゃないのと」

最悪なことに、いつの間にか携帯の電波も届かなくなっていた。

それを考慮に入れれば、町の中心部ではなく、逆の方へ向かって進んでいることになる。

「まだ雪降ってるし、どうするよって」

「車を停めたら雪にタイヤを取られて動かなくなるだろうから、とにかく進めるうちは進むしかなかった」

幸いなことに、雪は少しずつ治まって来ていた。

その分視界が良好になり、少なくとも進行方向を見失うようなことはなくなった。

黙々と進む雪道、すると――。

「あれ？　海だ、ってな」

「ほんと、なんでこんなとこに海があんの？　と」

海側の町からやってきた彼らは、どう考えても山側へ山側へ進んでいたはずだった。

しかし、そこには何故か海があった。

「知らず知らずにどっか峠越えて、いつの間にか海側に来たのかなって話して」

「でもとりあえずホッとした、海側に出れば、あとはなんとでもなるから」

そう思い安心したものの、その場所がどの辺なのかは、依然わからないまま。

車に用意してあったロードマップを見ても、自分たちがどこを通って海側にやってきたのか見当もつかない。

雪はいつの間にか止んでおり、命の危機は去ったが、どうしたものか。

「家あったよね、電気点いてて」

「そうそう、だからどうしようもなくなったら、そこで道教えて貰えばいいやって話した」

どうあれ、海と反対側に進めば大きな道にでるはず。二人はそのまま車を進める。

そのまましばらく行くと、見覚えのある通りに出た。

隣り町の、役場前。

待ち望んだ大きな道路と、明滅する信号機、行きかう車。

「突然だった、さっきまで海沿い走ってたのに。だいたい、隣り町には海ないし……」

「後ろ振り返っても、当たり前に町並みが続いてて、海なんかなかった」

混乱した二人は、近くに見えたコンビニの駐車場に車を停め、もう一度、ロードマップで自分たちの位置を確認した。

「どう考えても、海に出るわけなんかなかった、どういうことだったんだろう」

「気持ち悪くなったよね、何がなんなのかサッパリで」

無事家路についた二人は、後日、もう一度Y君の家まで行ってみたそうだ。

国道からは殆ど一本道で、いくら猛吹雪とはいえ、迷うような道のりではなかったという。

K君の近道

K君は変わった子だったと、Tさんは言う。

「どんくさいっていうのとも違うのかな、ゆっくりっていうか、のんびりっていうか。男の子の輪に入れないような子で、女の子とばっかり一緒にいた。なんて言うんだろう、普通の男の子よりも一段か二段下の存在感っていうかね。女の子はそう感じてて、だからこそ安心して一緒にいられるっていう」

女の子とばかり一緒にいたといっても、K君は女の子のグループに入れて貰えていたわけでもなかった。なんとなく一緒にいてニコニコしているだけで、害にはならないからそのまま放っておかれているというだけ。

「だから、そうだなぁ。例えばさ、K君と一緒にいるのは苦にならないし、別にどこについて来てもらっても構わないんだけど、好きな男の子と一緒にいる時みたいにドキドキしたりとか、カッコいいと思うとか、そういう感情は全然わかないんだよ。ままごとで、ずっと赤ちゃんの役をさせられてるみたいな、そんな子」

K君は体が弱かったようで、とても痩せていて運動は苦手だった。勉強は中ぐらいの成績で、良くもなく悪くもない。放課後は一人で帰って行き、他の男子のように校庭や広場で遊んだりもしなかった。好きとか嫌いとか、そもそもそういう土俵には立ってもいなかった。

ただ、Tさんには、K君との忘れられないできごとがある。

小学五年の夏休み、習字教室の帰りに、TさんはKくんとバッタリ会った。

彼が一人でいるのはいつものことだが、こうやって路上で会うのは初めてだった。思わず「K君何してるの？」と声をかけると、これから海を見に行くという。

「いいなぁ」と返したTさんに、K君は「一緒に行く？」と誘いの言葉をかけた。

「私としては、別に海に行きたかったわけじゃないんだけれど、すごく楽しそうに『海を見に行く』って言うものだから、つられるようにして言っちゃったんだよね、いいなぁって」

Tさんは、K君の申し出に戸惑《とまど》った。海までは遠くもないが近くもない。子供だけで歩いて行くことはできない距離なので、恐らくはK君の親と一緒に行くことになるのだろう。それはそれで面倒くさそうだし、もう午後である、これから海水浴でもない。「海を見る」だけであれば、そこまで興味はそそられない。

「だからさ、聞いてみたんだよ『誰と行くの?』って。そしたらK君は『一人で行く』っていうんだよね、いやいや、それはマズイんじゃないのと」

海までは、学区を複数またいで行かなければたどり着けない。Tさんたちが一人で自由に行き来を許されているのは通っている小学校の学区内のみ。他学区へ出かける時は、必ず親の同伴が必要だった。しかし、よりにもよってK君が、こんなに堂々と規則やぶりを宣言するとは思わなかった。学校の外では何をしているのかイマイチよくわからないタイプだったが、まさかここまでワイルドだとは……。

「一応さ、わかってるとは思ったんだけど『海まで一人で行くのはダメでしょ』って言ったんだ。『学区外に一人で出るのはルール違反だよ』って」

すると、K君は「学区外には出ない」と言う。学区外に出ないのであれば海にも行けないのだが、それを指摘すると「近道がある」とはにかんだ。Tさんは意味がわからず「どういうこと？」と問うと「一緒に来ればわかる」とだけ。K君の弁では「ちょっと見て来るだけ」とのことで、そんなに時間はかからないらしい。

「何か不思議なこと言ってるなと思ってさ。まぁそういうキャラではあったけど。でも彼が一体何を指して『海』って言っているのかが気になってね、ついて行ってみることにしたんだ」

歩き出したK君の後ろを、黙ってついていくTさん。

知らない人の家の裏、田んぼの畦《あぜ》、杉林、リンゴ園の端、ブロイラーの敷地、小川の横の竹林など迷うことなく進んで行く。どう考えても、あてどもなく自分たちの学区内をウロウロしているだけなのだが、これのどこが海への近道なのか？　一時間ほど歩き回って、最後にたどり着いたのは、小高い山に建つ神社の入り口だった。

「海に行くっていうから、てっきり水があるようなところを目指すのかと思ってたら、結局たどり着いたのは山だからね、なんなんだろうって」

石段を上り始めたK君は、疲れたのか途中で何度か休憩をはさみ、Tさんよりも大分遅れて神社の境内にやってきた。すると「こっちだよ」と、手招きして社の裏側に走って行く。

言われたまま、Tさんも後をついて行くと、T君が小山のてっぺんから何かを見下ろすように立っている。「ホラ」といわれ、彼が指さす方を見ると――。

「海があった。あれは間違いなく海だった。山に生えてる杉とか松とかに遮られて、見晴らしが良いってわけじゃなかったけど、どう考えても海だったんだよね。船もあったし」

神社の裏手で、茫然と「無いはずの海」を眺めているTさんの横で、K君はそれを拝むように手を合わせると「行こう」と言って、表の方へ向かった。

追いかけたTさんが「どういうことなの?」と訊ねると、K君はそれには答えず「内緒だよ」と一言つぶやいて、石段を下りて行く。

「結局そのまま石段の下で別れてね。気になったからもう一回一人で引き返して神社の裏手に回ったんだ。そしたらまぁ、普通に雑木林っていうか、山でね。海なんてどこにもないんだよ」

その後、TさんはK君との約束を守り、このことを誰にも言わないまま小学校を卒業した。

K君は、五年生の終わりに、持病の治療を優先するためにという理由で、大きな病院のある都会へ引っ越して行った。

「まぁ、下手なこと喋ってK君と噂になったりするのも嫌だったし、それを喋ったところで誰も信じてくれなかっただろうしね。結局のところ、あれがどういう現象だったのかは未だにわからないままなんだ」

それ以上の何か

オカルトマニアのH氏が「自分の中で唯一の『体験』です」と言い、語ってくれた話。

以下、彼の弁を元に状況を再構成してみた。

※

「だがらよ、俺はこれまで、そんなのいっぺぇ見だど」

年寄りしかいないスナックで、七十歳になるというMさんは、そう語って焼酎を舐めた。

何か妙な話はないかと訊ねたH氏に、当初のうちは「そんなもんはねぇ」とぶっきらぼうに答えていた彼だったが、酒のツマミにと、H氏が話した怪談を聞いて何故か上機嫌になり、驚くほど良い反応を返してくれるようになってきていた。

「人魂飛んだり、顔だげ転がって来たり、ガギの頃っから良ぐ見だもんだわ」

そう言って、再び焼酎を口に運ぶと「そういや、この前もあったな」と言う。

夕方、買い物袋を自転車のカゴに乗せて走っていると、進行方向に沿ってポッポッと灯りがつくように、白い人影が浮かび上がっては消えたという。

「まぁ年取ってくっとよ、何が変なモノ見だどごで、体の衰えだの認知症だのにかこつけられで、マドモに話聞いでける奴なんていねぐなっかんなぁ。だがらまぁ、お前《め》さんは合格だな、その辺をちゃんとわがって、こうして酒に付き合えるっつのはよ」

Mさんのグラスに焼酎を足しながら、H氏が「そういうモンすかねぇ」と相槌をうつと「ガギの時分もそうだった。『母ちゃん！　こんなのいだど！』って、自分の見だ化け物の話すっと『だれ馬鹿なごど語って！』ってフッ叩がれでよ」

寂しそうにそう語りながら、Mさんは更に続けた。

「まぁ、常識を身に着けるっつうごどはそういうごどなんだべ。黒っつえば黒になるし、白っつえば白になる。見えでるものも、見えねえってごどにしておがねぇど、マドモには生きられねぇのさ。ホレ、その辺にもいっぞ。なにがかにが、漂っていでも見えねぇべ？　それはお前《め》ぇが『そんなモンいねぇ』って思ってっからよ。そう育でられだがらよな」

Mさんが冗談交じりに指さす先には、スナックのマスターが設けたであろう、ホコリとヤニで煤《すす》けたような神棚が安置されていた。

「何のつもりであんな風にしてんだがわがんねぇげんともよ、あれではご利益もクソもねぇべどな、体裁ばりも整えればいいやづ。あれではだめだ」

Mさんは小声で囁《ささや》くようにそう言って「だがら見ろ、金のねぇ年寄りしか集まんねぇ店になってしまって、こんではいまづに潰れっぺな」と笑った。

※

実はこのMさんは、H氏が、ある〝視える人〟から「すごい人がいる」と、紹介された人物だった「性格には難があるが、悪い人ではない」とのことで、一席設けたらしい。

※

いい加減酔っぱらった様子で、自分が見てきた「お化け」に関する話を開陳し続けるMさんだったが、その内容は単発的で、単に「見えた」「こういうものが居た」という話ばかり。

やや期待を外されたH氏だったが、楽しそうに語り続けるMさんに付き合い、彼が「お開きにすっか」と言うまで、酒に付き合い続けた。

Mさんは最後に「齢とってあの世が近ぐなってきたせいが、なんだが最近は変なモンばがり見えでわがんねぇ。お前《め》ぇもそんなに好きなんだったら、見せでやりでぇげんとなぁ。んでもまぁ、これっきりだな、あんまり構われだんでは、俺の周りにも迷惑だしな」と言った。

H氏の方も、自分が期待したような話が出てこなかったことに、いくらか落胆に似た気持ちを抱いていたため「ありがとうございました、お元気で」と、別れの挨拶をする。

振り向かずに片手をあげて店を出て行くMさんを見送り、ホッと一息。

カウンターで一人、残りの焼酎を飲みはじめたH氏。

しかしふと、何か強烈な違和感を覚えて、辺りを見回した。

なんだなんだと、不安になって視線を動かす。すると——Mさんが指さし「あれではだめだ」と言っていた神棚がない。

慌ててマスターに声をかけ「神棚、しまいました?」と妙な質問を投げかけたところ「確かに以前は神棚を置いていたが、小汚くなってしまったので、しばらく前に捨てた」とのこと。

※

「あの無くなった『神棚』が、私が唯一自分の目でみた怪奇現象です」

H氏は満面の笑みを浮かべながら続ける。

「あのMさんは、霊感とかそういうレベルじゃないと思います。それ以上の何かを持ってる。あの時、なんだかつまらない話ばかりしたのも、きっと何か考えがあってのことなんだとすら、私には思えるんです」
Mさんの連絡先を教えて欲しいと持ち掛けた私に、H氏は首を振った。
彼自身、約束通り、その日以降、一度も連絡を取っていないという。

ころぶ

L君が小学校高学年の頃、彼らの間では一輪車がブームになっていた。それは学校の備品として、大小十台が用意されていたものの、体育の時間にすら使われることはなく、体育館脇に吊るされ、朽ちるがままに放置されていた。間もなく廃棄されてしまう予定だったそれらに目を付け、休み時間の遊びに使い出したのが、L君をはじめ同級のクラスメイトたち。担任の先生に直訴し、パンクしたタイヤを直してもらうなど、一輪車の整備から始めたという。

当初は誰一人として乗ることができなかったが、四苦八苦しながら練習を続けた結果、それぞれが徐々にコツを覚えてゆき、数週間で自由に乗りこなせるまでになった。

乗りこなせるようになればなったで、ただウロウロと走り回るだけではつまらない。誰が言い出したのか、彼らは一輪車に乗ったまま相撲をとるという遊びを始めた。

一輪車に乗ったもの同士が一対一で向き合い、自由な上半身を使って相手のバランスを崩し、先に地面に足を付けた方が負けになるというルール。

彼らは休み時間ごとに校庭に走っては、欠かすこと無くこの遊びを続けた。

しかし、日曜や休日にも学校へやって来ては取り組みを繰り返すという、度を越して熱心な遊び方をしたため、メンバーが予想外に熟達してしまい、そのうち、なかなか勝負がつかなくなった。

そこで、これまで一対一の個人戦として行われていたものを、複数人による集団戦をメインとしたルールに改訂、彼らの遊びはより高度なものへ進化した。


学校の休み時間、および放課後、そして休日の全てをその遊びに捧げ、一年が経過した頃、彼らのそれは、別な意味でもハイレベルなものになっていた。


「俺は見えなかったんだけどね『ころぶ』っていう、その場所に行くと必ずバランスを崩す、そういうスポットが見えるっていう奴らが、何人か出始めたんだ」

ゴルフで芝目を読むように、校庭の微妙な凹凸《おうとつ》を読んで、それを利用するという意味だろうか？　彼の弁を理解しかねた私に対し、Ｌ君は丁寧に答えてくれた。

「いや、そういうのじゃない。奴らの話では『ころぶ』は、校庭のところどころに存在する透明なクッションみたいなもので、勝手に少しずつ動いていて、踏んづけた人間を転ばせる効果があるんだと、そういうものってことだった」

一輪車相撲を愛好するメンバーは十一人、そのうち『ころぶ』が見えると主張した人間は実に五人に上った。

「奴らは『ころぶ』をどう利用してゲームに勝つかっていうのを、当たり前のように話し合っていて、まぁリーダーっていうか、遊びの主導権を握っていた。見えない組の俺等は俺らで、奴らの指示に従うことでより複雑に遊べたから、それはそれでよかった」

用意されている一輪車は十台、そしてメンバーは十一人。一人は審判としてゲームに参加し、一輪車同士の接触など、ルール違反があった場合にペナルティを指摘する係。

残りの十人はそれぞれ一輪車に乗り、戦いを繰り広げる。

特に重要だったのは「ころぶ」が見えるメンバーを、二つのチームにそれぞれしっかり振り分けることであった。彼らがどちらかのチームに偏ってしまうと、全く勝負にならないためだ。

必然的に、五人いる見えるメンバーの一人が審判をすることになる。主導権を握れるものの、勝負に参加できる回数は減るという意味で、見える組と見えない組のバランスは取れていたといえる。


それにしても「ころぶ」とは何だったのだろうか？　それは本当に実在したのか？

「俺もね、最初は冗談なのかなと思ってたんだ。そういう架空の設定で、もう少しゲームを複雑にしようっていう魂胆なのかなと。でもね、奴らが『ころぶ』があるって言うところを通りかかると、確かに変な感触がして、バランスが崩れるんだよ」

感触は様々で、つるっと滑るような時もあれば、泥濘《でいねい》に車輪をとられるように感じることもあり、一定ではなかったらしい。

「それで、俺らはそれが見えないから、見える奴らの指示に従って、相手チームの見えない奴らをそこに追い込んでくわけ。それでバランス崩したところを狙って押し倒すんだ」

「ころぶ」は、その日によって、校庭での居場所を変えるため、できるだけ「ころぶ」のある範囲をフィールドとし、必要があれば花壇すらも、彼らの戦場となった。

「掴んで動かしたりはできなかったみたい。勝手に動いている『ころぶ』の都合に合わせて、そのつど遊ぶ場所を変えてた」

しかしそれならば、彼等だけではなく、校庭で遊んでいる他の生徒たちも「ころぶ」の影響を受けるのだろうか？

「いや、それが、どうもその影響を受けてたのは俺らだけだったみたいだ」

どちらかと言えば「ころぶ」に懐疑的だったL君は、他の生徒に「ころぶ」を踏ませる実験をしてみたそうだが、彼らが転んだり、バランスを崩すことはなかった。

「もっとも、俺は見えてたわけじゃないから、見える奴に『ころぶ』の場所を教えてもらって、そこを歩かせたんだけどね。ああ、あと俺も一輪車に載らないで『ころぶ』の場所を歩いた時はなにもなかった」

つまり、どうやら「ころぶ」は彼らが一輪車相撲をとる時にだけ効果を発揮する「何か」であったということだ。

「催眠術っていうか、集団妄想っていうか、思い込み？　によるものだったのか、何なのかは未だにわかんないんだけど。例えば俺が『ころぶ』の場所を味方にも教えてもらっていない状況で、たまたまそれを踏んづけてしまった場合でも、やっぱり変な感触がしてバランスを崩すんだよね。あるいは何故か何度も同じ場所でバランスを崩してしまうから、そこに『ころぶ』があるんだなって、そう感じたこともある。この場合、もし集団での思い込みだったとしたら、どうして俺は自分がその位置を知らない『ころぶ』によってバランスを崩すことになったんだろう?」

結局、彼らは小学校を卒業するまでその遊びを続けた。

中学にあがって以降は、一輪車がないこともあり、一度もゲームをしていないとのこと。

それだけ熱中していたものを、アッサリと止めてしまったのは勿体ないようにも思えるが、しかし、L君は、そんなことはないと言う。

「中学の卒業式の後、あの頃のメンバーと小学校に行ってみたんだ、そしたら一輪車はもう老朽化が原因で廃棄されていたし『ころぶ』も見えないって話だった。あれは、あの時期にだけ俺らが自由に使って良いものだったんだろう。個人的には何よりも、あの一輪車たちが、誰にも乗られることなく廃棄されなくてよかったなって思う。俺らが乗り倒したおかげで、あいつらもきっちり成仏したんじゃないかな」

当時、彼らが突然、一輪車で遊ぶようになったのは、L君が言った「あの一輪車、吊るされて可哀そうだな」という一言がきっかけだったそうだ。

カバンをリリース

W君が大学に進学してすぐ、四月のできごと。

時刻は午前一時、池の周辺は静まり返っており、予想通り誰もいなかった。

「明るくなる頃には、いつもの常連組が顔を出すだろうけれど、それまでは俺一人で池を独占できるんだなと思うとゾクゾクしたよ」

はやる気持ちを押さえながら着々と準備を進め、まだ暗い池へ向かい歩き出す。

彼のバス釣り歴は既に三年目を迎えており、既にそれなりの大物を釣り上げてもいた。

ただ、これまでの釣行は必ず誰かと一緒で、それはそれで楽しくはあったが、誰もいない時間帯に、自分一人でじっくりと池を攻略したいという思いも強くあった。

「高校生だった頃は、夜間の外出を制限されていたから、昼間にしか釣りに行けなかったんだ。でも昼の時間帯は、いつ来ても誰かが先に入ってて、自分がアプローチしたい場所を諦めることも多かった」

大学生になり、親のくびきから解き放たれた彼にとって、今日は幸いの日。

自分の直感のままに、好きなだけロッドを振るえる環境を前にして、彼は震えた。

夜の池は、昼間に比べると妙な迫力があり、見知った環境も違って感じられる。

頼りになるのはヘッドライトの明かりと自分の土地勘のみ。

真っ暗な池の周辺を、草木を払いながら進む。

この池の中を、寒い冬を越えて、産卵に向け一足先に動き出した大物が泳いでいる。

そんな予感を胸に、W君はキャスティングを開始した。

開始から二時間が経過した午前三時過ぎ、この時点でW君はまだ一匹も釣り上げることができないでいた。

「ルアーの選択を間違っていたのか、あるいは狙うポイントを外していたのか……」

闇に覆われ、視覚的な情報が制限された環境の中、ロッドから伝わるアタリを逃すまいと集中し続けたが、ピクリとも来ない。

意気揚々と出かけてきた割には、あまりにも盛り上がらない展開。

あと一時間もすれば、朝マズメを狙った常連たちがやってきてしまう。

焦りを感じながら、ルアーを引いていた、その時。

W君の手に伝わる、ドンッという振動。

すかさずロッドを煽《あお》って合わせると、ぐーっと、深く引っ張られるような感触。

「ああでもこれ、バスじゃないなって」

重く深く、ルアーをゆっくりと引きずり込むような動きは、W君が知っているバスのそれとは違っていた。

「雷魚かなぁと。大きさによってはルアーごと諦めないと、ロッドそのものをやられちゃったりするから……」

W君は、以前、雷魚に噛まれたことがあり、それ以来この魚が苦手だった。

昼間に釣り上げても恐る恐るリリースしているのに、こんなタイミングで釣れてしまったら参ってしまう。

「あー、最悪だなぁって思いながら引いてたんだよ」

グーッと重く引かれ、その後にブルッと震える、半ばあきらめたように、サイズを見極めるつもりで慎重にリールを引く。

「あまり大きすぎた場合は、魚には可哀そうだけどそのままラインを切っちゃおうって思ってた、大きい雷魚って怖いからさ」

その後、急に何の抵抗もなくなったそれを、仕方なしに近場まで引き寄せる。

ライトに照らし出されたのは、雷魚でも、もちろんバスでもなく、カバンだった。

――なんだこれ？

不審に思いながら、地面に引きずるようにして釣り上げたそれは、女性用と思われるエナメルバッグ。

引っかかった針を外そうと近寄ると、チャックで閉じた口が少し開いている。

中に何か入っているようだ。

スケベ心を押さえられず、チャックを全開にして中をあらためた。

口紅、小さなポーチ、カバーのついた手帳、眼鏡ケース、携帯電話……。

そしてそれらに絡み付いている長い髪の毛。

W君は、静かにバッグを閉めると、さっきまで手で味わっていた感覚を思い出す。

何度もブルっと震えた、あの感覚。

カバンは、彼の目の前でぐったりしているし、そもそも動かない。

すると、自分のルアーを引いていたのは――。

「本体が、いるのかなって……」

静かな水面は、ライトの光を当てても茶色くよどんだまま。

その中を泳いでいる、カバンの持ち主のイメージ。

「極力音をたてないように、カバンを池に流してやって……」

それは、スーッと飲み込まれるように水中へ消えて行ったという。

「それもあり得ないんだけどさ、もうそれどころじゃないから」

あわててロッドを畳んで、足早にその場を離れた。


自転車を停めていた場所には、常連組と思われる人達の車が数台。

それぞれが、運転席から、黙ってW君を見ている。

「こんなに早く来ているのに、どうして釣りを始めないんだろうなと――」

――しかし自分もまた、もうこの時間にこの池に来ることはないだろうことに思い当たる。
「みんな経験者だったのかもな」とはW君の弁。

お祖父ちゃんかだれかの声

Oさんの祖父は彼女が中学生の頃に亡くなっている。

「私のことをずいぶん可愛がってくれて、わがままをなんでも聞いてくれるお祖父《じい》ちゃんだったんだよ。だから死んじゃった時は悲しくてね」

祖父は病院に入院していた頃、お見舞いに行ったOさんに対し「もしジイちゃんが死んだら、Oに悪いことが起きないように、ずっと側で見張っているからね」と言って、何度も頭を撫でてきた。自分の病状よりも孫の行末を心配するような人物だったとOさんは言う。

「亡くなってからしばらくの間は、本当に側で見守ってくれているような気がしていて、ピンチになった時はとっさに『お祖父ちゃん助けて！』って、心で唱えるのがクセになったりしてね……」

彼女が社会人になり数年経ってからのこと、夢に祖父が出てきたことがあった。

それまでも一般的な範囲で、自分の記憶を掘り返すように祖父の夢を見たことはあったが、その時は違ったという。

「不思議な夢でね」

夢の祖父は、しきりに口をパクパクさせながら、Oさんになにか伝えようとしているように見えた、ただ、何を言っているのか全く聞き取れない。

「それで私は『お祖父ちゃん、何？ 何て言っているの！』って、夢の中で」

すると、祖父は落胆したような表情で、今度は身振り手振りしはじめる。

「いったい、おじいちゃんは私に何を伝えたいんだろうって、こっちも身振り手振りでコミュニケーションを取ろうとするんだけれど、全く通じなくて……」

すると、祖父はどんどん顔色を悪くし、表情も不機嫌そうなものに変わってきた。

Oさんが覚えている生前の柔和な笑顔は崩れ、不満げで、どこか怒っているような表情をして、口を動かし何か喋りながらの、身振り手振り。

「ぜんぜんわかんないんだよね。ただ、あまりにもしつこいから、こっちはこっちでイライラしてきちゃってさ」

Oさんも、そんな気持ちをぶつけるように、夢の中で怒り始める。

そしてそのうち、気付いた。

「あ、これって、もしかして私がお祖父ちゃんの『声』を忘れちゃったからなのかも知れないなって、夢の中で、半分覚醒したような気持ちでね、冷静にそう思ったの」

彼女の弁によれば、きっと自分が祖父の声を忘れていなければ、彼が夢の中で何を伝えようとしていたのか、すぐにわかったのではないかとのこと。

「それで、ちょっと申し訳なくなっちゃって、謝ったんだよね夢の中で」

——お祖父ちゃんごめん、どんな声だったか思い出せない！

ほとんどその瞬間、Oさんは目が覚めた。

なぜなら耳元で「ああああああああああああああああ」という、間延びしたような大きな声が響いたからだ。

ゾッとして飛び起きたが、ベッドの周囲にはもちろん誰もいない。

間もなくして、母親が階下からOさんの部屋に上がって来た。

——どうしたの⁉　変な声聞こえたけど。

Oさんは、何をどう説明したものかわからず混乱し「怖い夢を見て叫んでしまった」と釈明した。

「どう考えても、私の声なんかじゃなかったけどね……」

母親もまた「男の人の声だったよ」と、訝《いぶか》しんだ。

夢の中での彼女の訴えに従って、祖父が声を聞かせてくれたということだろうか？

「どうなのかわかんない。でもあんな声聞かされても、それがお祖父ちゃんの声だったかなんて、わかるわけないいんだよね……もうその時点で十年以上前に亡くなっているわけだし」

もっと言えば、その声の主が祖父であるかどうかも疑わしいとOさん。

「私のお祖父ちゃんは、孫を怖がらせるような人ではなかったもの……」

夢の祖父が何を伝えようとしていたのかは不明のままだが、その出来事から数年、Oさんは何事もなく平穏無事にすごしている。

S氏と餅の化け物

S氏は、間もなく漁師歴四十年を迎える大ベテラン。

これまで様々な漁船に乗り、何度となく死にかけたと話してくれた。

「なんだかんだで、この五十年間で知り合った同業のうぢ、二百人は海の事故で死んでっからね、今生ぎでる人だぢだって、俺以外にも死にかげた人は何人もいっと思うよ」

そう語り、これまでの「死にかけ話」をこともなげに話す。

「まぁ、一番はマグロの延縄《はえなわ》船に乗ってた時だ。海中に投縄する作業の時に、針に腕を持って行がれで、気付いだら海の中だった。慌てで針掴んで腕の肉ごと引っ裂いで、自由になったど思って水面に上がったれば、船はもう豆粒みでぇになってんのよ、あれは死んだと思ったなぁ、あれが一番だな」

結局、S氏は落下に気付いた漁船が戻って来たことで無事に助け出され、事なきを得た。

その時の傷を、恥ずかしそうに見せてくれたが、ケロイドのようになっており、明らかに医学的な処置を受けたものとは違う治り具合。

「海の上だもの、病院になんて行ってらんねぇのさ。こんぐれぇの怪我で引っ返したら、それごそ、その漁場まで行った分の燃料が丸損だべ、もっかいそこまで行ぐ分の燃料も考えれば二重に損、更に行ったり来たりしている間は漁もできねぇわげだから、機会損失分まで考えれば、膨大な赤字になるわげだ」

今はもう少し「ゆるく」なっているとのことだが、S氏の若かりし頃は、遠洋マグロ漁はまさしく命がけの仕事であった。

「時代の流れっつぅのもあっからな。若ぇ乗り手が減ってる現状、昔のようには行がねぇのさ。職場環境を良くしねぇど、このままでは日本人の乗り手なんて早晩いなぐなってしまうがんね」

次に語られたのは「二番目に死にかけた話」だが、これが実に興味深いものだった。「時化の日に、甲板ですっ転んでしまって、腰の辺りを思いっきり打ったんだわ。そんで立でねぐなって、船内の寝室で横になってだんだ。船頭には『あんまり酷ければ言えよ』って言われったげど、そうなればさっきも言ったように港に戻んねばなんねぇでしょ？　自分がヘマこいだせいで周りに迷惑かけんのは御免だったし、なによりも腰打ったぐれぇ、寝でればそのうち治っぺど思ってだから、横になって痛みが落ち着ぐのを待ったんだ」

しかし、痛みは一向に治まらず、船が揺れるたび全身に響くような強烈なものになっていく。S氏は手持ちの痛み止めを服用し、タオルを噛んでそれに耐えた。

「そうしてるうぢにさ、だんだん体が冷てぐなってきたんだわ。それに伴って痛みも引いで来て、いづの間にがスーッと気持ち良ぐなってでね。気が付いだら横になって青い顔している自分を上から眺めでるわげ『うわこりゃしくじったな』って、これ多分死んだなって自分で思ったら、そのままビュンビュンっと何がに引っ張られで、海越えて陸越えて、いづの間にが自分の家の墓石に腰かげでだんだ」

S氏は「ああ、何か寒気してきたや」と言って、両腕をこするような動作をしながら、更に続けた。

「そんでさ、まぁこれはもう、完全に死んだなど。なんなのがはわがんねげど、自分の体がら離れで、着いた先が自分ちの墓だがんね、こりゃぁもう助かんねぇなって思ったよ。んで、先祖代々の墓だがら、もしかしたら祖父《じい》さん祖母《ばあ》さん、それに死んだ親父も、この中に居んでねぇのって、ピンと来てさ『おーい、俺も来たぞー』って墓の下に向がって叫んだんだわ、だけど、迎えに出で来るでも声返して来るでもねぐ、墓石の下っから楽しそうな声だけ聞こえできてっさ。俺は何回も呼んだんだげど、さっぱり反応無くて『この意地腐れども』ってふて腐れで、じっとお墓の周りの景色見で」

その時に見た故郷の風景があまりにも美しく、気を失いそうになったらしい。

「いや、実質もう気ィ失ってんだげど、気ィ失った状態で気ィ失いそうになった。こう、田んぼどが畑どが、その辺の杉林どが、なんてごどねぇ風景がブレるみでぇに震えでてでさ、そのブレの間に何かキラキラっとしたものがまぶしてあって、キラキラするたびに良い匂いがすんだよな、ああ、こりゃぁ随分気持ちいい、このまま成仏すんだなって」

もしそのまま成仏していたのであれば、S氏はこの場にはいない。

「そしたらな『バチーン！　バチーン！』ってさ、何かぶっ叩くみでぇな音が聞こえてきたんだ。こっちは今まさにいい気分で成仏すっとごだってのに、なんで邪魔すんだって、音の方を見だらば、焼いだ餅みでぇな、もっちりした畳三畳ぐれぇの、あれ化け物だわな、そんなのが布団叩ぎ持って、他の墓石を思いっきり叩いでんだ」

ブルブルっと身震いして、ウイスキーを口に運ぶと、私にタバコをせびり、一服した後で、S氏は話を再開した。

「あれに見つかったらダメだ、地獄に落どされるって、もうガダガダど来てよ、体は無くても寒気して、もう叫んだね『開げでけろ！　早ぐ！　早ぐ！』って、墓の下に向かって。あの餅の化け物は、墓跨《また》いで次々にバッチンバッチンやってっから、こっちに来んのも時間の問題だど思ってさ、涙流しながら叫んだわ」

それでも、墓の中からは、相変わらず楽しそうな笑い声が聞こえて来るのみで、S氏の文字通り必死の訴えを、誰も聞き入れてはくれなかった。

「もうね、死ぬよりおっかねがったね」

そして、涙ながらの訴えも空しく……

「あの餅の野郎に思いっきりフッ叩がれだわ。そのままふっ飛ばされで、ああああああっつって、気ぃ付いだらもどの船室の天井見でだ」

既に時刻は朝になっていた。汗まみれの体に戻って来たS氏は、再び襲って来た激痛を自覚し、ガッカリしたそうだ。

「死ぬんなら死ぬでいがった、あそごまで行ったんだら、そのままあっちさ行ってしまった方がナンボ気分良かったべ。だれ、どごだれ痛ぇし、さっきまで軽こがった体が鉛でもしょったみでに重でぐ感じで、いやぁいらんねがったな」

そしてそのまま残りの漁の期間中、港に戻ることなく、S氏は耐えきった。

「半分あの世に足かげで戻ってきたっつぅごどは、もう死ぬごとはねぇべおんって、高括ったんだ。もっともただ横になってだだげだし、偉そうなごどは言えねえげんとよ。そんでまぁ、この通り今でも生ぎでるわげよ」

港に戻った後、自力で歩くことができなかった彼は、病院に担ぎ込まれ、即日入院する運びとなったそうだ。

「腰でねくて骨盤が折れった。医者は『良く生きてましたね』って。骨盤の骨折っつうのは、かなり出血するらしくて、危ねぇんだってね。そんで先生に『いやぁ、体冷たぐなった後に、自分ちの墓まで飛んで行く夢見ました』つったら『ショックの兆候だったのかも知れないですね、運が良かったです』って真顔で言われでよ」

それから二十年、彼はまだ現役の漁師として船に乗っている。

「なんだかんだ言って、この仕事しかわがんねぇしな。このご時世で貰えるものは減ってきてっけど、そんでもまぁ陸で仕事するよりは大分稼ぎも違う」

もし、再び同じような事故に遭った場合を考え、恐ろしくはならないのかと訊ねると、Ｓ氏は笑いながらこう答えた。

「あん時の経験踏まえっとよ、死ぬっつぅのはそんなに悪ぃごどでもねぇ気がすんだわな。墓の下は何か楽しそうだったしよ。だがらまぁ、これがら万が一何かあんだどしても、そごまでナーバスにはなんねぇ、むしろ、ああやって気持ちよぐ成仏でぎんだったらその方がいい気もする」

では例の「餅のお化け」はどうなのだろう？

「ああ、あれに叩がれだら地獄さ行ってしまうって、そう思ったたって語ったべ？　やっぱりよ、地獄さ戻って来たんだわ。あっちの景色見でくっと、この世の中は地獄だなってのがわがんだ。畑も田んぼも杉林も、見だってなんとも思わねえもん。あんな幸せな気持ちになったごどねぇもんな。つまりさ、成仏して極楽に行ぐためには、まだまだこっちで苦しまねぇばなんねぇっつうごどだべもの。ある程度その辺クリアすれば、あの餅の野郎に戻されっこどもねぐなんでねぇがな。だがらまだまだ荒波に揉まれっぞ俺は、はっはっは」

その後、三番目に死にかけた話と四番目に死にかけた話を聞かせて頂いたが、もはや餅の化け物を気にするほどもないぐらい、シンドそうな話だった。

「次こそは成仏してぇな」とは、S氏の弁。

石が降って来る

「天狗礫《てんぐつぶて》」という、屋根などに石が降ってくるという現象は、日本では古くから伝えられているが、その亜種を思わせるようなお話。

「コツンっと、まぁ降ってくるわけ」

子供の頃、Y君の頭には時々小石が降ってきた。

「思い切りぶつけられるとかではないから、痛くもないし、怪我したこともないけど」

年に四〜五回、それは降ってきて、そのたびに「まただ」と思う。

そんなことを大学入学ぐらいまで体験し続けたらしい。

「気にしなければなんてことはないんだ。年に何回か、ただ小さな石が降ってくるだけだからね。でもまぁ不思議には思ってたから」

ある日、父親に「頭に石が降ってくるんだけど」と訊いてみたところ、父親は驚きもせず「大人になったらなくなるから」と言い、自分も子供の頃に石が降ってきていたのだとY君に言った。

「もうその頃は亡くなってたけど、うちの祖父もそうだったって。それは親父が祖父からそう聞かされたようなんだけどね。『どうもそういう家系らしいから、気にすんな』って、そう言うわけだ」

一人で歩いている時、夜寝る前、学校での試験中、電車に乗っている時など、所かまわず、まるで誰かが急に思い出したかのようなタイミングで、降ってくる石。

「仲の良い友達なんかにさ『頭から石降ってきたことある?』って聞いても誰もそんな経験ないって言うんだけどね、俺は違うと思ってて」

当時彼は、自分だけではなく、どんな人にでも同じように石は降ってきていて、それに気付いているか気付いていないかだけの話なのではないかと考えていた。

「俺は、神経が細かい方だから、落ちてくるたびに気付いてただけでね、他の奴らは鈍感なだけなんだろうなと、そういう風に考えてた」

彼にとっては、それほど当たり前のことであったということだろうが、しかし、夜寝る前や試験中など、自分のアタマに石が降ってきたのなら、いくら鈍感な人間であっても、覚えているのではないだろうか、それも一回や二回ではないのだから。

なにより、その石がどこからやってきたものなのか定かでは無い以上、一般化して考えるのにはやはり無理がある。

「まぁ、結局は俺もそう思ってね、気にしないようにしてたら無くなったんだ、大学生ぐらいの頃かなぁ。『あ、そういえばしばらく降ってきていないな』って、そう思ったことある」

それ以降、石が降ってくることはなくなった。

「親父の言う通り『大人になったらなくなった』んだよね」

それはそれで、何か理由があるのだろうか？　気になるが、Y君もわからないそうだ。

「ただね、こないだうちの息子がさ『石降ってきた』って、小さい石を俺に見せてきたんだよ、ああ、コイツもいよいよ始まったかって、なんかちょっと感動した」

ガスと幽霊

今からおよそ二十年前、Y氏が中学生だった頃の話。

当時、彼は化石の収集に没頭しており、休みともなれば化石の取れるスポットを訪ねて自転車で動き回っていたそうだ。

「うちの町は、山に行っても海に行っても化石が採れたんだよね。最初は小学校の理科の先生に場所を教えてもらってたんだけど、そのうち自分でも場所を探すようになって」

その日は、自宅から一時間ほど自転車を漕いだ山間部の斜面を探索していたという。

むき出しになっている地層や、落ちている石の性状などから、化石が採集できる場所を予想しつつ、後はひたすら歩きながら細かく場所を特定していく。

「だいたいね、わかるようになってくるもんなんだよ、あの辺は怪しいとか、あっちはダメだろうなとか」

　昼過ぎ、適当な場所に腰かけて昼ご飯を食べていると、近辺の斜面がなんだか気になった。

「『アレ、洞窟じゃね？』って」

　おにぎりを口に詰め込んで、さっそくその場所へ行ってみると、確かに洞窟。

　しかし入口は崩れたようになっており、腹ばいになって進まなければ入れない。

　投げ入れてみた石の反響から、中はそこそこ広くなっているようだった。

「ちょっとだけ行ってみるかと。これ、大発見かも知れないと」

　背負っていたナップサックを入口に置き、身を屈めるようにして洞窟の中へ滑り込む。

　入った中は真っ暗で、独特の臭気が漂っていた。

「多分コウモリだったんだと思う、そのフンの臭いだったのかな」

　前屈みになれば両足で立てるほどの高さ、自転車から取り外して持ってきたライトで奥を照らすと、何やら虫たちが蠢《うごめ》いている。

「うわあ、これはあんまり奥には行けないぞと」

思いつつも、何某《なにがし》かの大発見につながるかも知れないという興奮を押さえ切れず、帽子を深くかぶって、おそるおそる進んで行く。

「十メートルぐらい進んだかな、ちょうどテーブルみたいになっていた岩場の上に、何か置いてあったんだよね」

手持ちのライトにキラリと反射したそれは、所々にコウモリのフンが付着した、透明なビニール袋。見れば中には黄ばんだ紙で包まれたノートらしきものが入っている。

——ああ、誰か来たことあるんだなぁ。

落胆しつつ、その包みを開けて中からノートを取り出すと、表紙には東京にある某大学の名前とサークル名らしき文字が記入されており、洞窟を訪れたであろうメンバーのサインが記されていた。

そして表紙を捲《めく》った一ページ目に「この先危険、ガスと幽霊」という文字が書き込まれていただけで、後のページには何も記入されていなかった。

——幽霊？

変な臭いがしている洞窟である、ガスはなんとなくイメージできるが、幽霊とはなんだろう？　そう思ったY少年は、袋をビニールにしまってもとに戻すと、ライトで更に奥を照らしてみた。

「ちょうど、その辺から洞窟自体が下に向かって坂になり始めているようだった」

ライトの光は、ほんの数メートル先で闇にのまれていく。

既に誰かが来たことのある洞窟であれば、大発見もクソもない。これ以上嫌な臭いのする虫だらけの洞窟にいても仕方ないと、Y少年は出口を目指した。

「何メートルか戻った時にさ、洞窟の奥から『オイ！』って大きな声が聞こえて」

驚いて振り向くY少年だったが、視線の先は暗闇で何も見えない。

声が聞こえた以上、ライトで照らすのも恐ろしくて気が引ける。

急いで洞窟から出ようと歩を進めると、更に聞こえてくる声。

「いや、奥に何人かいて何かやってるような声だと思った。こっちは焦っていたから、何を喋ってたのかまでは聞き取れなかったけれど、少なくとも最初の『オイ！』も俺に向かって叫んだんじゃなさそうな感じで」

転がるように洞窟から外に出ると、一目散に自転車を停めていた場所まで走った。

「声が聞こえた時はさ、本当に人がいるんだと思ったんだよ。でもあんな狭くて汚い洞窟にあの日に限って何人も人がいたっていうのもおかしいじゃない、それで――」

この先危険、ガスと幽霊。

あのノートに書いてあった記述を思い出し、身震いした。

後年、Y氏は洞窟について調べてみたことがあった。

市立図書館であたってみた資料には、あの洞窟に関して直接の記述はなかったが、面白い資料を見つけたと語る。

「ちょうどあの洞窟があった山の周辺っていうのは、どうも砒素《ひそ》の鉱脈が流れているらしく、戦時中は旧日本軍の特定鉱山に指定されていた区域もあったようだ。恐らくあの洞窟も、天然のものではなくて廃坑か何かだったんじゃないかというのが俺の考え」

するとあの声の主は――。

「廃坑で聞こえたんだから、鉱夫だろうね。いつの時代の人だったのかはわからないけど」

夢のきっかけ

三五歳のK君は現在小さな会社の社長をしている。

彼が小学四年生の頃、放課後そろばん塾へ行く途中のこと。

いつもの道をいつものように歩いていると、何台かの大型トラックが通り過ぎた。

車道も歩道も分かれていない田舎の道である、普段大型車はあまり通らない。

K君は路肩で身をすくめるようにしてそれらが行き過ぎるのを待った。

大きなエンジン音を響かせ、土煙をあげて走っていくトラック。

すると、その荷台から何かがポロリとK君の前に落っこちてきた。

「『動いているモノ』だと思ったけれど、それが一体なんなのか、ハッキリ見えなかったんだ。そこにあるのはわかるんだけど……」

それは、弱々しい死にかけの生物のようでもあり、壊れた機械の一部が落ちた衝撃で妙な動きをしているようにも思えたという。

「こう、ランドセルぐらいの大きさで……」

初めての体験に驚き、その場で動けなくなった彼は、ただじっと、数メートル先にあるソレを遠巻きに観察し続けたが、やはり何なのかさっぱりわからない。

「よくさ、警察二四時みたいな番組で、酔っ払いが道端にゲロ吐いたのを、その部分だけモザイクをかけて放送したりするでしょ？　ああいう感じで見えた」

下手に動いては危険な気もする。どうあれ、それは小さく動いているようだった。

「ああ、うん……そうだね、やっぱり俺は、それを生物と捉えていたんだと思う。モザイクの中で、それが動いているように見えたのもあって、とびかかられたりしたら嫌だなって、そう感じていたんだ」

間もなくして、さっきのトラックの仲間だろうか、別な大型トラックがやってきて道を塞ぐようにK君の前に停まった。

そして中から数人のスーツを着た男たちが降りて来ると、「モザイクがかって見える何か」を袋に入れて回収、その内の一人は、あっけに取られているK君に近寄り、平手でビシャッと頭を叩いた。

——大丈夫か？

そう言って長身をかがめ、K君の顔を覗き込むようにする。

「自分で人の頭を張っておきながら『大丈夫か？』もないじゃない、なんだコイツって」

呆気にとられ、何も喋れず、じっとその男の顔を見つめていると「食べなさい」と、何かを握らされた。

「どこにでもいるような、なんの特徴もない顔の人だった。でも不思議と忘れられない顔」

そのまま、男たちはトラックに乗り込んで国道の方へ向かって走り去った。

残されたK君の手の中には、さっき貰ったものが握られている。

「駄菓子屋とかで売っているような個包装の飴玉。知らない文字が書かれてた」

どう考えても怪しいそれを、当時のK君はなんのためらいもなく口に含んだ。

「コーヒーみたいな味がして、それで……」

気が付けば、次の日の放課後だった。

「あれから丸まる一日分をスキップしちゃってた。どうやら俺は、あの後でソロバンにも行ったし、家にも帰ったし、普通に登校して授業も受けていたようなんだけど、それらの行動に関して自覚が無い。ホントに、気付いたら一日過ぎてたっていう、そんな感じで……」

頭を叩かれた影響なのか、あるいは疑わずに食べてしまった飴玉のせいなのか。

幸いなことに体調には問題なく、具合が悪くなったりはしなかったそうだ。

「でもさ、何故だかわかんないんだけど、ものすごい罪悪感みたいなものがあった、これ、バレちゃいけないっていう。あと、関係ないとは思うんだけど、その後ぐらいから『社長になりたい』っていう、強烈な願望がね、出てきて」

それまで控えめな性格の少年だったK君は、その後、無理をしてリーダーシップを発揮するようになり、紆余曲折あった末、現在に至る。

「結果的にこれで良かったのかどうか、まぁ、現実的に問題はないんだけど……なんだか最近になって、これまでの人生が、あの日からスキップされたように思える瞬間があるんだ」

光陰矢の如しといえば、それまでだけど。

口から出たもの

夏のある夜、Eさんは友人と一緒に浜辺でおしゃべりをしていた。

ひと気のない海辺。星空と波の音を聞きながら過ごす贅沢なひと時。

二人で砂浜を見下ろす防波堤に腰かけ、浜風にあたりながら夢中になって語りあっているうち、気付けば日付けが変わる時間帯になっていた。

「ついつい喋り過ぎちゃったね」

そんなことを言いながら、じゃぁ帰ろうかと立ち上がると、下の方から何やら話し声が聞こえてきた。

――え、いつの間に？

彼女たちが語らい始めてから数時間、下の砂浜に人が降りて行った気配はなかった。

しかし確かに、何か妙な言葉らしきものが聞こえてくる。

それは、複数人で念仏でも唱えているかのように、もにゃもにゃと聞き取り難いものではあったが、ニュアンス的に、なんだか怒っているように聞こえた。

Eさんと友人は顔を見合わせると、鼻に人差し指を押し付け「静かに」というジェスチャーを交わし、防波堤から下の砂浜を覗き込んだ。

しかし、暗い砂浜に人影は確認できず、二人が覗きこむと同時に声も止んだ。

——気付かれたかも知れない。

タイミングよく声が聞こえなくなったことで、そんな不安が頭をよぎった。

若い女性の二人連れ、トラブルに巻き込まれないとも限らない。

人が動くような気配はないが、早めにこの場から遠ざかった方が良さそうだ、そう判断し、できるだけ音を立てないように、二人手を繋いで早足で歩きはじめる。

このまま、人通りの多いバイパス沿いに出てしまえば、何も怖いことはない。

恐怖よりも、一刻も早くこの場を去らなければという緊張から、繋いだ手をきつく握りしめ、海岸に沿って生えている松林に足を運び入れた時——。

「もおおおおおおおん」

と、何か大きな叫び声が響き、二人は立ち竦《すく》む。

声は、松林の向こう側から、自分たちに向けて放たれたように感じた。

「ちょっとなんなの」

友人が、震える声で話しかけてくるが、Eさんはそれどころではなかった。

自分の足首が、何かに掴まれたように動かない。

そして、足首から広がるように、膝、太腿、腰と、感覚がなくなり、とうとう立ったまま完全に動けなくなってしまった。

友人に助けを求めるため声を出そうにも、上手く舌が回らない。

それでも――と必死で喉を振り絞ると、自分でもまるで聞いたことのない音が出た。

「足り間かしそらどバンブー足り間かしそらどバンブー」

一度回った舌は、Eさんの意志とは無関係に、全く同じ音を、何度も繰り返し喋りだした。

すると、それに応えるように、繋いだ右手の向こうからも――

「足り間かしそらどバンブー足り間かしそらどバンブー」

少し歪んだような友人の声は、Eさんと同じ音を繰り返している。

二人は互いに手を繋いだまま、その場で望まぬ発声を続けた。

意識は保てていたが、体が動かない。

友人はどうだろう？　首すら回せない現状では、それを確認することもできない。

やがてEさんは、自身が置かれた状況に抗うことを放棄した。

まるで麻酔にでもかかったようにぼんやりとした頭に反し、延々と動き続ける口。


どの時点で動けるようになったのか、朝もやに包まれた砂浜で、Eさんは目を覚ました。

ちょうど数時間前、何者かの声が聞こえ、覗き込んだ場所。

あの時は暗闇で何も見えなかったその場所で、二人は手を繋いだまま気を失っていた。

ちゃんと喋れるだろうか、恐る恐る隣で眠るように気を失っている友人に話しかけた。

「大丈夫？」

「足り間かしそらどバンブー」

友人はEさんの声にそう反応し、悔しそうな顔で表情を歪めると大声で泣きだした。

「彼女は、もう正気に戻っていたみたいなんですけれど、なぜかそう言ってしまったそうなんです。自分では言いたくもないのに、それが口から出てしまったことが悔しくて泣いてしまったと、その後で話してくれました」

後に、Eさんが聞いたところによると、彼女たちがおしゃべりをしていた浜は、漁船から転落した漁師の水死体がたびたび流されてくる場所で、近辺に住む人間は夜に近づかないことで有名なのだという。

「地元の観光パンフレットに乗るような場所なんですよ？　なのに私たちはそれを知らなかったんです。もっとも、あまり縁起が良い話ではないので、よほどその浜に近い筋の人じゃないと知ることもないっていう話で……」

※

あの晩、彼女たちの口から出た「足り間かしそらどバンブー」という言葉は、どうやらインドネシア語であるようだとEさんは言う。

「『水死体が流れ着く場所』っていうことを教えてくれた人から、一番最近流れ着いたのはインドネシア人だっていうことを聞いて、後から色々調べてみたら……」

それはインドネシア語で「助けてくれてありがとう」という意味に聞こえるそうだ。

腹減り坂

今から二十年ほど前、S君が高校一年生だった頃の話。

彼の通っていた高校の近くには「悪魔坂」と呼ばれる場所があった。

「といっても、俺らがそう呼んでいただけだけど」

昔の峠道で狭い道路が続き、当時にして人も車も殆ど通らない坂道。

山向こうを並行して走る大きな道路ができてからは、殆ど忘れられたような道であったそうだ。

彼の所属していた運動部では、たびたびその坂道をランニングに利用していた。

「俺ら以外は誰も通りかからないから、走るのには好都合だったんだよ。交通事故やなんかの危険性もないし、一本道だからランニングコースとしては最適」

ただ、その道を走るのにはルールがあった。

「ちょうどコースの真ん中ぐらいで、必ずダッシュしなきゃならないんだ。まぁ体力をつけるために走っているんだから、追い込むような走り方をするのは当然なんだけど、妙な話があってね」

その「ダッシュ区間」をちんたら走っていると、強烈に腹が減るのだという。

「俺も経験あるんだけど、急にフラフラっとくるわけ。あぁヤバいヤバいって」

その「腹が減ってフラフラする」という現象を指して「悪魔の仕業」だということで「悪魔坂」の由来になっていた。

S君はフラフラする程度の経験しかなかったそうだが、同じ一年生の部員の中には本当に動けなくなり、病院に運ばれた者もいたという。

「低血糖だったと顧問は言っていた。『ちゃんと昼飯食ってんのか』なんてドヤされたけど、もちろん食ってたよ、運動部だもの」

しかしその後もポツポツと、ランニング中に低血糖で動けなく部員が出たため、顧問の先生から、部員各自が飴玉をポケットに入れて走るよう指示が出た。

「そしたら先輩たちがさ『やっぱりな』って言うわけ。何がやっぱりなのかって訊いたら『去年まではずっと飴玉をポケットに入れて走ってた』って」

そうすることで、あのダッシュ区間をゆっくり走っても、フラフラすることはなくなるのだという。

「俺はてっきり、低血糖になった時に飴玉を舐めることで回復させる目的なのかと思ってたら、そうじゃなくて、飴玉を持って走っているだけでいいんだって」

前年までは、悪魔坂を走る時はそれが通例となっていたのだが、顧問が変わってからは逆に禁止されてしまっていたのだそうだ。

「前の顧問は結構長いことうちの高校にいた人で、悪魔坂をランニングコースに指定したのもその先生だったんだって。部員と一緒に走る人だったようでね、随分前に、あの区間でぶっ倒れたことがあったらしい。それで不思議に思ったのか色々とあの坂の歴史を調べたら、ずっと昔は行き倒れが続出していた峠で、昭和の初期ぐらいまでは『腹減り坂』なんて呼ばれていたようだと。どうもその頃から、俺らと同じような経験をした人がいたんだろうね。それで、用心した方がいいってことで」

前顧問の先生は前年で別な高校に移動になっており、新顧問の先生はそういう話を信じる人ではなかった。

「そしたら案の定ってわけだ。一応顧問同士で申し送りはされていたようだけど、まぁそれを信じろって言われて信じるかっていうと、常識的に考えて意味がわからないからね。前の先生はちょっとアレな人だったってことにして、これからは迷信に囚われるなって転任初日に先輩たちに言ったみたい」

しかし、なんで飴玉だったのだろう?

「前の顧問は『ほんとは食い物だったらなんでもいい』って言っていたんだって。でもランニングするのにかさばるものだと邪魔だから、結局、飴玉に落ち着いたっていう話を聞いたよ。当初は低血糖になった時の用心として持たされたみたいなんだけど、でもなぜか飴玉を持っているだけで低血糖にはならなくなったっていう。理由はわかんないけどね」

S君は、それから部活引退までの間、欠かさず飴玉をもって悪魔坂をランニングしていたという。

空き家の女の子

Ｏ氏は、数年前から年金生活を送る六十代の男性。

奥さんとは退職を機に離婚し、二人で育てた一人娘は遠方に嫁いで疎遠になっている。

「まぁ、見捨てられたよね、色んなものにね」

彼が現在住んでいるのは、生まれ育った土地、生家である。

地元を離れて暮らしていたＯ氏は、既にローンを支払い終えていた街場のマンションと退職金の半分を手切れ金として奥さんに盗られ（と、本人は言う）、失意のまま都落ちしてきたのだそうだ。

「俺が集めてた趣味のものやらなんやら差し引いても、結構もってかれたな。まぁ、それでも一人で暮らして行く分には困らない、持ち過ぎは毒だと思うようにしてる」

今は亡き両親が残した家に住み、趣味程度に畑を耕しながらの生活。

しかし、彼自身、戻って来てからしばらくの間は、田舎生活を面倒と煩《わずら》い、土地と畑を処分して、早めに有料老人ホームにでも入ろうかと考えていたらしい。結局それをしなかったのは、近所の家の人々から随分と頼りにされたのがきっかけであったと語る。

「この近くには、うちの死んだ両親と同世代か、それよりも少しだけ若いぐらいの年寄りしかいないからね、買い物にしても、地区の仕事にしても、自分たちよりも若くて動ける人間がいてくれると便利なんだと思う」

山間の小集落、メディアでは「限界集落」という言葉がよく使われているが、言葉の意味だけで言えば、彼の実家周辺は限界などとうに超えているとのこと。

「年寄りだけが住んでる家ってさ、汚《きた》ねぇんだよ。大体みんな腰だの膝だのを患ってるから生活に小回りが利かないでしょう。掃除すんのも一苦労だし、それに緑内障や白内障なんかで目も悪いから、ホコリも汚れも見えないいんだ。そんな家ばかりでさ、どうやって生活してきたんだよっていう有様でね。みんな助け合って生きてきたんだろうが、もうどうにもなんねぇ」

長年畑仕事をしてきたせいか足腰の疲労は濃く、下肢の痛みの訴えは多いが、そのかわり老人たちは皆、頭ははっきりしているとのこと。

「介護申請をしても、認知症がなければ、せいぜい要支援なんだよ、ヘルパーさんたちだって仕事の時間には限りがあるからね。昔から知っている人たちだし、うちの親も世話になっていたであろうことを考えれば、多少の手伝いは買って出てやらないとな」

しかし、O氏の奮闘も空しく、一軒二軒と空き家が増えてきている。

「死んでしまった人も居れば、子供等に引き取られて行った人もいるし。あとは病気して暮らせなくなって病院から施設へっていうパターン。ここ三年ぐらいで一気に人が減ったよ」

そんなO氏は自宅周辺、三軒の空き家の管理を頼まれてもいる。

「もともと、その家の息子や娘は俺の同級生でね、みんな地元を離れてしまっているけれど、実家を手放すのは惜しいっていうので、俺が頼まれて。その家々の換気をしたり、庭の草を抜いたり、何かトラブルがないかどうかを確認したりしているんだ」

そんな家々に、ときどき妙なモノがでるという。

「日本人形みたいな女の子なんだけどね、こっちが気付くとスススっていなくなる」

誰も住んでいないはずの家に出る幼女。

「かわいいんだよな、年寄りだらけの集落だから、なおさら」

複数の家をまたぐように、三軒ともに同じ女の子が出てくる。

「悪さをするわけでもないんだ、ただ居るだけで」

しかし、それは明らかにこの世のもではない。

「今はもう怖いことはないよね、子供だし、野ウサギとか猫とかそんな感じで見てる」

「最初はさ、やっぱりちょっと警戒してはいたんだ。近所の爺さんに相談したりとかね。でも『赤い子供じゃなければ大丈夫だ』って。その爺さんの話では、赤い子供は火事を起こすから見つけたら追い出さないとダメだけれど、そうでない場合は放っておけばそのうち居なくなるんだと。だからまぁ、窓を開けたり草取りをしている時にね、赤い子供が出て来ないかを確認するのも俺の仕事なんだ」

「ん？　ああ、いわゆる座敷童《ざしきわらし》っていうのとは違うって話だ。人の住んでいない家を好むみたいでね。爺さんの話では、俺が戻って来る前の、空き家だったころの俺ん家《ち》にも出ていたらしい。ん？　見たい？　いやぁ、どうかなぁ。アレはね、終わって行く集落の、終わって行く家で、終わっていく人間だからこそ見えるものなんだと思うよ。俺はね、そう思っているんだ。あんなもん、まともな人間に見えるわけねぇだろう……終わっちまった俺だの、年寄りだのだから見えるんだよ、きっと。ホントに、俺も馬鹿になったもんだ……こんな話して……」

アロエ

Mちゃんのお祖父《じい》ちゃんが火葬され、骨と灰になった日、彼女のお祖母《ばあ》ちゃんが、その一部を欲しがった。五十四年間の付き合いだったお祖父ちゃんとお祖母ちゃん。もう火葬されてしまったとはいえ、お祖父ちゃんを骨壺に入れて、冷たい墓の中に静かに納めておくのは忍びない、お祖母ちゃんはそう言って、小さな茶入れの壺を出した。家族はその気持ちを汲んで、遺灰と細かい骨片で壺を満たし、お祖母ちゃんに渡した。

葬儀が終わり数日して、お祖母ちゃんは何を思ったか自分が育てていたアロエの鉢にお祖父ちゃんの遺灰を少し撒いた。「お祖父さんの魂がアロエに宿りますように」そういって手を合わせていたのをMちゃんは見ていた。

お祖母ちゃんは寂しさを紛らわすためか、毎日のようにお祖父ちゃんの仏壇に向かって小声で何かを囁き、おしゃべりでもするようにして過ごした。そして同じように、アロエにも話しかけ、丁寧に世話をしつづけた。

やがて、その年の寒い時期に、アロエが花を咲かせた。これまで一度も花を咲かせたことがなかったということで、お祖母さんは大層よろこび「やっとお祖父さんの魂が宿った」とアロエに向かって手を合わせていた。Mちゃんもそれを見たが、赤く、どこか毒々しいようにも見えるその花が好きにはなれなかった。

そのころから、なんだか夜になると胸騒ぎがした。家のどこかから、辛そうな声が聞こえるような気がして、Mちゃんは怖くなった。お父さんやお母さんにそのことを話しても、もうすぐ中学生なんだから、しっかりしなさい、と相手にしてくれない。ただ、お祖母ちゃんだけが「Mちゃんは気持ちが細かいから、色んなことに気が付くんだね」と慰めてくれた。

夜になると、やはりどこからともなく、痛いよう、痛いよう、という声が聞こえてくる。お父さんも、お母さんも、どこか具合が悪くたってこんな声は出さない。お祖母ちゃんだって、夜中にしくしくと痛みを訴えるような真似はしないはずだ。どこか痛いのならば、病院に行って治してもらえば良い。では、この声は誰のものなのだろう？　Mちゃんは、夜中にこっそり起きだして、声の出どころを探った。

痛いよう、痛いよう、子供のような、どこか甘味のある声は、お祖母ちゃんの部屋から聞こえてきていた。しかし、それはお祖母ちゃんの声ではない。

お祖母ちゃんはよく枕もとに置いたラジオを聞いているが、ラジオから延々と、痛いよう痛いよう、という声が聞こえてくることもないだろう。気になったMちゃんは、お祖母ちゃんの部屋の襖《ふすま》を開けた。

電気スタンドの茶色い光が、部屋をぼんやりと照らす中で、おばあちゃんはアロエの鉢を前にして座っていた。「何をしているの？」Mちゃんが近寄ると、アロエのみずみずしい緑の葉に、カラフルな模様が見えた。それは、無数の待ち針で、アロエの葉は、裁縫道具の針山のようになっている。

おばあちゃん、何してるの？　そう訊ねたMちゃんに、お祖母ちゃんはニッコリ微笑んで「こうすると、アロエの花が長持ちするんだよ」と言い「Mちゃんも刺してごらん」と、丸い頭が付いた待ち針を手渡そうとする。Mちゃんが首を振ってそれを断ると、「このアロエは悪いアロエでね、こうなって初めてお祖母ちゃんの言うことを聞くようになったんだよ」と言い、またプツリと、アロエに針を刺した。

アロエは、痛いよう、痛いよう、と子供の声で訴えるが、お祖母ちゃんは手を休めることなく、プツリプツリと針を刺す。

やがて、イクラのお寿司のようになったアロエの葉から、お祖母ちゃんは一本一本、ゆっくりと待ち針を抜いてゆく。さっきまで、すすり泣きのように続いていた声は、もう聞こえなくなっている。

穴だらけになって粘液を吹き出すアロエの葉。針が抜き終わると、お祖母ちゃんはその葉を、根元からポキリと取り外し「この汁は火傷《やけど》に効くんだよ」と言って、自分の手の甲にヌルヌルと塗り付ける。お祖母ちゃんの手の甲には、ずっと昔に負ったという、火傷の傷跡が残っていた。ケロイドの引きつって乾いた皮膚は、アロエの粘液に濡れて、まるで新しい傷跡のように、生々しく見えた。


あの夜以降、Mちゃんは声が聞こえても、あまり気にしないようにした。

きっとあれはお祖母ちゃんにとって必要なことで、お祖母ちゃんは、ああすることでしか火傷の傷を癒せないのだと、そう思った。

当初は子供の声で痛みを訴えていたアロエは、だんだんと太い声を出すようになり、やがて、生前のお祖父ちゃんのそれになった。

酔っぱらって、お祖母ちゃんに暴言を吐くお祖父ちゃん。親戚の集まった席で、お祖母ちゃんの悪口を言い、笑いをとっていたお祖父ちゃん。認知症を患い、ぜんぜん知らない人の名で、お祖母ちゃんを呼んでいたお祖父ちゃん。

まだ小さいMちゃんから見ても、どうしようもない人間だったお祖父ちゃん。

アロエは、徐々にその葉を無くし、最後は枯れた花だけ残して丸裸になった。

かあさん、もういいでしょう、Mちゃんのお父さんはそう言って、すっかり軽くなってしまったアロエの鉢を外に持って行き、アロエごと庭に撒き散らして、それを何度も何度も踏み付けていた。

それから数年、お祖母ちゃんは穏やかに過ごし、眠るように息を引き取った。

お祖母ちゃんの希望で、遺骨はお寺の納骨堂で保管してもらい、お墓には入らなかった。

お祖父ちゃんの遺灰が入った茶入れの壺は、家の仏壇の引き出しの中に入っていたが、お祖母ちゃんが亡くなった後で中を見ると、空っぽになっていた。

Mちゃんの家には、今も新しいアロエの鉢植えが緑色に輝いている。

お祖母ちゃんが丁寧に丁寧に世話をして、次に花が咲くのを待っていたが、今のところ、一度も花を咲かせたことはないそうだ。

舞台袖にて

ある俳優さんから伺った話。

彼の通学していた大学は、自前の小劇場を備えており、演劇科の学生が、たびたび芝居の公演を行っていたそうだ。

その日の公演は、役者も裏方も、いつもより、忙しく動く必要のある構成だった。

舞台での演技の後、袖に入ってすぐに着替えを行い、再び舞台に飛び出なければならない役者もいて、終始バタバタしっぱなしという状況。

そんな中、早着替えを行わねばならない役者の一人が、舞台袖のトラブルで上手く着替えが進まず、このままでは出番に間に合わないという状況に陥ってしまった。

しかし、そんな彼の窮状を見かねた女性スタッフの一人が、無言のまま飛びついて衣装替えの手伝いを行ったことで、なんとか出番に間に合い、事なきを得たそうだ。

終演後、その役者が、手伝ってくれたスタッフにお礼を述べたところ「私、こっちにつきっきりだったんで、手伝ってませんけど？」と不思議な顔をされた。

そんなハズはない、と他のスタッフたちにも確認を取ってみたが、確かに彼女はその時、別なトラブルに巻き込まれ、てんてこ舞いしていて、とてもではないが役者の着替えを手伝う暇はなかったと思うと口を揃えた。

それならば、一体だれが彼の着替えを手伝ったのか？

裏方のスタッフ全員に聞いて回ったが、誰も名乗り出るものはいなかった。

ただ、その時の演目が戦時中の悲劇を扱った作品だったこともあり、全員がなんとなく「そういうこともあるのかな」と、納得したという。

間借り希望

ある日の晩、T氏の家に、親戚のA氏が訊ねてきた。

普段は盆と正月にしか顔を合わせない仲、一体どうしたのだと家に上げると、彼は「どうかこの家に間借りさせて欲しい」と頭を下げた。

聞けば数か月前、長年連れ添った奥さんと離婚し、住んでいた家を追い出され、やけくそになって仕事も辞め、ここしばらくは自分の車で寝泊まりしていたらしい。

他の親戚もあたってみたが、どの家も彼の申し出にいい顔はせず、全て断られてしまった結果、最後の頼みの綱として、T氏宅を訪れたのだそうだ。

しかし、T家とて年金頼みの二人暮らし、手持ちの現金も底を尽いているというA氏の面倒を見る余裕はどこにもない。

何度も頭を下げてくる相手に辟易《へきえき》しながらも、T氏は自分たちの生活を守るため、心を鬼にして彼の申し出をキッパリ断った。

A氏は失望の色を隠さず、「そうですか……」と呟き、うなだれてT氏宅を出て行った。

果たしてこれで良かったのか、言い方がキツすぎやしなかったか、今のできごとを自問自答しながら、苦い晩酌を始めたところ、T氏の電話が鳴った。

「おい、Aの奴、首吊ったぞ」

え？　だって今さっき——

電話をよこした親戚の男性は、前日にA氏の訪問を受けており、その際「いくらでも良いので金をかしてくれないか」と土下座されたとT氏に語った。しかし、そのあまりにも情けない姿に激高し、怒鳴り散らしてしまったとのこと。

その後、A氏は追い出された元自宅に戻り、その家の倉庫で首を吊ったとみられ、丸一日たってから、別れた奥さんがそれを発見し、今騒ぎになっているという。

あまりのことに頭が真っ白になり、年甲斐もなくガタガタ震えたとT氏は言う。

そのまま、遺体発見現場まで車を飛ばすと、ついさっき現れたのと同じ服装のA氏が、ビニールシートの上で横になっていた。

「あいつは、死んだ後にどういうつもりで家に来たんでしょうか？『間借りさせてくれ』というのは、どういう意味なんでしょうか？　そしてもし、あの時彼の申し出を受けていたら、一体どんなことになっていたんでしょうか……恐ろしくもあるんですが、死人に鞭《むち》を打ったようで気が晴れなくて……」

大人のコックリさん

ちょっと、コックリさんやってみない？

そんな誰かの発言から、その晩、Rさんはコックリさんに参加した。

「私たち四十代の主婦が中心のサークルでして……仲良し同士が集まって、オイルマッサージを習ったり、編み物の講習会を開いたり、蕎麦打ちにチャレンジしたり……。節操なく様々なイベントを開いて皆で盛り上がるっていう、そういう集まりなんです」

その日は合宿と称して、八人が泊りがけで慰労会を行っていたのだそうだ。

当然、酒も入る、その勢いでの発言だったのだろうと、Rさんは言う。

「なんかこう、良くないイメージがあって、ちょっと怖かったんですけれど『これって、科学的に解明できるんだってよ』って、そう言われて……怖いことなんかないんだよって」

もはや、お化けでキャーキャー言う年でもない。酒の力もあってか、みんなが乗り気になった。コックリさんに必要な書式も、スマホで検索するとすぐに見つけることができた。

「それを参考にして、私が紙に書いていったんです、コックリさんのフォーマットってありますよね……」

鳥居を書き、数字を書き、五十音を書いて、最後にハイとイイエ。

始めてみれば、これが随分と盛り上がった。

「質問が面白かったたっていうのもあって、十円玉がビュンビュン動いて……」

参加しているのはアクティブな中年主婦たち。コックリさんへの質問もハイブロウなキレのある内容で、コックリさんを通して、普段は黙っているような日常の愚痴が次々に吐露され、皆でゲラゲラ笑いながら、なごやかに場は進んだ。

そして、Rさんが参加する番。

「一応、形式通りに進めてたんで、十円玉に指を置いて『コックリさんコックリさん』ってそう呼びかけて……」

するとと、質問をする前から十円玉が動き出した。

〈○かえ○えこ〉五十音を、順番にそう動く。

「うちの、祖母の名前だったんです」

Rさんの祖母は、すでに九十歳を超えており、認知症を患って施設に入っている。

しかし、それが祖母の名前だと思い当たっても、Rさんは黙っていた。

「あくまで遊びのつもりでしたから……それに、科学的に解明できるんであれば、あの場で祖母の名前になるように十円玉を動かす必然があるのは私だけですし……だったら私が動かしたってことになりますよね？」

誰の名前だろう？　なんなの？　コワ～い。参加者は賑やかにそう言い合って経過を見守る。

「○かえさんなんですか？」一人がそう質問すると、十円玉は「はい」に移動。

「でも、うちのお祖母《ばあ》ちゃん生きてるしなって……」

もちろん、Rさんには十円玉を動かしているつもりはない。

冗談交じりで、誰かが言う「何しにいらっしゃったんですか？」。

〈あしたしぬあしたしぬあしたしぬ〉

十円玉は、繰り返し「あしたしぬ」と動いた。

さすがに、場の空気が凍り付く。

しかし、ここで怯《ひる》んではせっかくの楽しい集まりが台無しになってしまう。

「誰が死ぬんですか？」わざととぼけたような口調で、Rさんがそう質問すると――。

〈よかった〉

と動いたきり、それ以降はピクリとも動かなくなった。

予想外の薄気味悪いできごとに、部屋は静まり返る。

「もう止めようか」

誰かが言いだし、それきりコックリさんは中止になったが、Rさんは気が気ではなかった。

「お祖母ちゃん、明日死んじゃうってことなのかなって、不安になって」

認知症を患いコミュニケーションも取れず、鼻から通した管で栄養を流し込まれている祖母。手足が固まって動かなくなり、床ずれ処置で呻《うめ》き声をあげる祖母。

生きてはいるものの――仮にさっきのコックリさんが祖母だったのだとして、自分の死を「よかった」と言うだけの材料は揃っていた。

「祖母はもう歳も歳ですし……覚悟だけはしていようかなと……そう思ってたんですが……」

翌日、慰労会は午前中で解散し、家に戻って家事をしていたRさんの電話が鳴った。

隣町に住んでいる彼女の母が倒れ、救急車で病院に運ばれたという。

その後、急いで駆けつけたRさんを待つようにして、彼女の母親は息を引き取った。

「前日のことがあったので、頭が混乱しちゃって……」

彼女の母親と父方の姑である祖母は、長年折り合いが悪く、祖母が母親の死を「よかった」とする材料もまた十分に揃っていたとRさんは言う。

彼女の祖母は、今も寝たきりながらご健在であるとのこと。

祟り喰い

一　E君

E君は小さな土木会社に勤める三十代の男性である。

人づてに「妙な男がいる」ということで紹介され、会うことになった。

待ち合わせた居酒屋にやって来た彼は「これが昔の俺です」と言って、数枚の写真を取り出すと、その一枚一枚をゆっくりとテーブルに置いた。

私の目の前にいるのは、固太りして、やや目が飛び出したような顔貌の、浅黒い中年男性。写真に写っているのは、すらりとして目鼻立ちの整った色白のモデル系。

同一人物だと言われても、パッと見は首をかしげざるを得ないぐらい異なった風貌。目を凝らしてよく見較べてみなければ、面影すら見当たらない。

「ずいぶん変わってしまったでしょ？　自分でも驚いているんです」

そう言って、まるまるとした腹を撫でながらウーロン茶をあおっている。

E君はもともと、大都市で水商売をやっていた。

「酒は好きだったんですけど、飲む量が尋常じゃなかったですから」

三十歳を目前に酒で体を壊し、店を持つ夢をあきらめ都落ちしてきたそうだ。

帰郷してからは、断酒のため精神科に通院してリハビリ治療を受けるなどし、その当時に今の会社の社長と知り合い、現在に至るとのこと。

「なのでこっちに帰ってきてからは一滴も酒を飲んでないです」

その反動でこんなに太ってしまったのだろうか？　失礼を承知で質問してみると、彼はハハハと笑って「いやぁ、どうしてなんでしょうねぇ」とのんきそうに言い「じゃぁ次はこっち」とスマホの画面を見せてきた。

最初の写真ほど痩せてはいないが、健康的な体格の男性が画面に映っている。

「それ、二か月前です」

確かに、太鼓腹と飛び出した目玉をつけ足せば、現在の彼になる。

「太ったり痩せたり極端なんですよねぇ」

無理なダイエットを繰り返し、リバウンドしているということだろうか？　そう訊ねてみると「ダイエットって意識はないんです、食べる量が極端に増えたり減ったり、それを繰り返してはいますけれど」との返答。

つまり、自分で意識的にそれをしているのではなく、自然な欲求の結果、大食いをする期間と殆ど食事を摂らなくなる期間を繰り返しているらしい。それはそれで何か問題がありそうだ、摂食障害でそのような形があるという話を聞いたことがある。

「いや、精神科の先生にもそう言われて、このままだと入院して治療した方がいい場合もあるからって、そう言われてます」

ただ、E君本人としては酒で病んでいた頃に比べると体調は格段に良いため、そこまで気にしてはいないとのことだった。

「俺は最悪の状況を社長に拾ってもらった人間なんで、社長のためなら体は二の次でいいんです。まぁ恩返しするまでは死ねないっすけどね」

ビールを飲みほした私を見ながらそう言って、E君はウーロン茶をおかわりした。

二　社長

E君を紹介してくれたのは、彼が勤める会社の社長だった。

こちらもまだ三十代、私と殆ど年齢は変わらない。

若かりし頃は地元でも有名な不良で、そういうコミュニティにおいては伝説的な存在なのだと、外ならぬE君が教えてくれた。

誰よりも腰が低く、どんな人間にも敬語を使う現在の様子を見ていると、そういった過去がある人物には全く見えない。

「どうでしたEの奴。写真見せられましたか？　びっくりしたでしょう」

この社長とは、ある物件を調査している過程で知り合った。

どうもその物件が強烈に祟るものであるらしく、これまで何人も人死にを出しているらしい、という噂を小耳に挟んだ私が、方々の伝手《つて》を使ってたどり着いたのが彼だった。

「あいつには助けられているんですよ。俺の右腕みたいなもんです」

その物件の場所をつきとめることができなかった私は、彼がその「取り壊し」に関わることになるらしいという情報を得、同行しての取材を申し出たのだった。

しかしその際に「妙な男がいる」という話をされ「その男と会ってみて欲しい」と頼まれた結果、先述したE君との出会いになる。

正直なところ、私が欲しかったのは「祟る物件」についての情報であり、E君がどうであろうと別にどうでも良かった。ただこの社長（以後Y氏とする）が、E君のことを随分と気にかけていることがわかったため、ポイント稼ぎのようなつもりで承諾したのだ。

「で、どうでしたか？　E、大丈夫ですかね？」

そう問われ「常識的に考えてあまりよろしくないのでは？」と答えた私に向け、Y氏が渋い顔をしながら言った。

「いやぁ、やっぱりそうですか、俺も危ないと思ってたんですよ」

聞けば、昨年夏の健康診断で「目が飛び出ていること」「極端に痩せたり太ったりを繰り返していること」を指摘され、甲状腺《こうじょうせん》になんらかの問題があるのではないかという診断を受け、会社の方針として精密検査を受けさせたのだという。

「結果的には大丈夫だったんですが、あいつは両親と折り合いが悪いんで、俺が身元引受人になっているんです。もう社員というよりは家族みたいなものなんで、ホントに心配で……」

どうあれ、それは私に問うよりは医者に問うた方が良い問題である。私の返答はごく一般的な感想に過ぎず、彼らにとって価値のあるものとは思えない。そう伝えると、Y氏は何度か頷き「そっちの意味ではどうでしょうか?」と、声を落として言った。

「そっちの意味?」それが何を指す言葉なのか汲み取れず、訊き返した私に「幽霊とか、祟りとか、お詳しいんでしょう?」とY氏。

詳しいかどうかと言われれば、確かに一般的な水準よりはいくらか詳しいかも知れない。

だが私個人は特別な能力があるわけでもなく、かといって本格的なオカルト研究を行っているわけでもない。好きが高じた単なる野次馬根性によって、このようなことをしているに過ぎない。それを聞いたY氏は「そうだったんですか……」と落胆したようにうつむいた。

最初に会った際、私の態度が思わせぶりだっただろうか？　あらぬ期待を抱かせてしまっていたようで、こちらも恐縮した。

しかしである。何故E君の体調の問題が「幽霊や祟り」といった話になるのか？

「いや、小田さんが探っている例の物件の情報、それにも関わることなんですよ」

Y氏の語りを再構成して、以下に記す。

三　E君と社長

我々のところは小さな会社なので、仕事を選んでいられないっていう状況はあるんです。

Eもそうですけど、色々と事情がある人間が多いものですから、社員を食わせていくためには他の会社が手を出さないような仕事も引き受ける。ええ、それこそ行政の仕事をそのまま受けられるなんてことはないので、孫請けが当たり前で、実質はそれよりも下なんてこともザラにあります。

なので一番実入りが良いのが個人から受ける仕事なんですね。こっちとの信頼関係でもって我々に仕事をまかせてくれる方々ってのがいらっしゃって、そういった人達に生かしてもらっているようなもんなんです。ただ、そういう中にはいわゆる「そっち系」の仕事も結構あってですね、ハイ、小田さんが好きそうな分野の。

私は、常識的な範囲でそういう存在には敬意を払ってきました。土地を造成する前には地鎮祭をしたりとか、あるいは特に謂れがなくても、お地蔵さんとか古い石碑とか、そういうものを動かす前には拝んでもらったりとかですね。ただそれをしても、現実的な意味で怪我が多発したりとか、重機の調子が悪くなったりとか、あるいは見計らったように一気にゴタゴタが舞い込んできて進捗しないとか、そういう事態っていうのは時々あるんです。

そういう場合は主に私が動いて現場の指揮を取ったり、あるいはその仕事を他に投げたりとか、そうやって凌《しの》いできたんですね。

Eがすごいのは、そういう「なんかありそう」な現場であってもキッチリ仕事を片付けてくるところなんです。経験上「これはちょっと」って思うような案件も、あいつが入ればスムーズに進む、ええ、そうです「そっちの意味の仕事」です、はい。

なので私もついついそれに甘えちゃって、Eにだけそういう現場を任せるようになっちゃってたんですよ。その結果が……この前アイツに会ってどうでした？　なんで体に異常がないのに目ん玉飛び出たり顔の色が変わったりするんですか？　俺はあいつが断酒リハビリしているころから知ってるんです。

それまでの状況を本当に悔いていて、これからは生まれ変わるつもりで生きますんでって……それ以降、酒は一滴も飲まないし、食事なんかにも随分気を使ってたんですよ。

その状況を見ているからこそ、あの状態がかなり異常なものだってわかるんです。どんぶり飯を三杯も四杯も食ったり、そうかと思えば水しか飲まなくなったり。酒じゃなくても、そういう極端な生活態度が自分の体を悪くするっていうことは、アイツ自身が一番知っているはずなのに……。

だから、俺は思ったんですよね、アイツが曰く付きの現場をスムーズに終わらせられるのは、何がしかの、それこそ祟りみたいなものをアイツが一人で背負ってきた結果なんじゃないかと……。

最初のうちは「社長あそこヤバいっすよ」なんて言いながら、自分でお守り買ったりして仕事してたのが、最近では何の躊躇もなく仕事に行くんで……だんだん、そういう意味でも鈍感になってきているんじゃないかと……良いこととは思えないんですよね、アイツを見守っている人間としては。

ちょうど小田さんが私を訪ねて来た頃、あるお寺から墓地に隣接する駐車場の拡張工事を依頼されてたんです。古い墓石が積まれたまま放置されていた所で、それの整理も兼ねて。

それで、Eがその現場を終わらせた後で会ってもらってるんですね。その一月前ぐらいまでは、あんなに太ってなかったんですよ。ああ、写真見ましたか？　ええ、中肉中背って感じで。だから俺も考えすぎなのかなって思ったんです。それでまぁ、頼んでしまった結果がアレですよ。

そもそも本人に全く自覚がないのも問題なんです。「酒で病んでたよりは健康」って、そういう問題じゃないんですけどね。その後、アイツはまた飯を食わなくなってきてます。これまでと同じだとすれば、このまましばらくはそういう状態が続くと思うんです。水しか飲まないっていう。

アイツの今のスタイルを茶化す気はないんですけど、状況から言って、どうもEは文字通り「祟りを喰ってる」ように見えるんです。それをクソにして出して終わりっていうんなら悩むこともないんですが……あの飛び出た目と、土みたいな顔色を考えると、ただで済んでる気がしないんですよね……。

四　その後

それから一か月後、やはりE君は大分スリムな体型になっていた。

様子を見に行った私に「健康ですよ！」とガッツポーズで微笑《ほほえ》んでくれたが、その後に面会したY氏の弁では「今も殆ど飯を食っていない」とのことだった。

Y氏によると、私が取材を申し込んでいた「祟る物件」に関しては、正式に手を引いたそうだ。下見のためにE君を伴って訪れた際、彼が「やりましょうやりましょう」としつこかったのが、断りを入れた一番の理由だという。

「『面白そうだ』って、あまりにも嬉しそうに言うもので」

その様子から、ただ事ではない何かを感じ、着工する気になれなかったらしい。

Y氏は続けて「いわくつき」の仕事をE君に任せることも減りそうだと言った。

「これはあくまで仮説ですが、ようはEの奴が『変にやる気を出す』案件は『そういう依頼』である可能性が高いっていうことになりませんか？　そうであれば最初にEと下見をして、ヤバそうなのは予《あらかじ》め断るか、あるいは最初から私が現場の指揮を執るって形にすればいいのかなと、あの後で、そう思ったんです」

となれば、もし「何か」あった場合にどうするのだろう？

「自分で興《おこ》した会社ですからね、ケツは自分で拭きますよ。その方がナンボか気が楽です」

そう語って不敵に笑いながら、Y氏は私に小さな茶封筒を手渡し「帰ってから読んで下さい」とささやいた。


以下は茶封筒に入っていた手紙の内容である。

・築百年超の古民家で風呂は薪風呂。
・現在確認できるだけで死者は三世帯五名。全て居住者、うち一人は赤ん坊。

・自殺二名、不審死二名、焼死一名（風呂のかまどにて）。
・〇〇年、関西の業者が近隣の工事の際に宿舎として活用すべく契約。数日後、作業員数名が無断で遁走。その際の穴埋め作業員を弊社より派遣。
・我々の手を離れた案件ですので、場所は伏せさせて頂きます。
・これ以上の取材協力はお受けいたしかねます、ご理解ください。

あとがき

ご購読頂きありがとうございます、小田イ輔でございます。

日々がどうにもままならず、年がら年中、自律神経を失調しているような私ですが、今回の執筆中は、何度も何度も得体の知れない不安感に押しつぶされそうになり、いてもたってもいられなくなることが頻回にありまして、その度に担当のN女史に電話をさせて頂くという、まるで母親と離れ離れになった幼児のような行動を繰り返してしまいました。

何故なのかはわからないのですが、N女史にお電話を差し上げると、ついさっきまであった不安感や焦燥感が雲散霧消したのです。

頂いた温かいお言葉の数々も非常に励みになりましたが、しかし、どうも、感覚としては、N女史にお言葉を頂く前、単に電話が繋がった瞬間、そのほんの一瞬で、既にスッキリしていたような気が致します。

これは本当に不思議な現象で、例えるならば風邪を引いて熱があるぐらいしんどかった私の頭の状況が、電話が繋がった瞬間、咳も鼻水も止まって熱も下がる、それほどの勢いでクリアになりました。

これは一体どういうことなのか？ 電話が繋がるということに、言葉のやり取りをする以上の意味があるのだろうか？ そんなことを考えながら本書を執筆しておりました。

しかし、やはり、一日か二日経つと再び襲ってくる不安と焦燥、そのたび、深夜に自宅の外をうろついたり、意味もなく屋根に上がってみたり、川べりで、たそがれたりしました。

それでもなんともならず、N女史へ電話差し上げる、するとやはりスッと楽になる。なんとも言えない感覚に「調子が悪くなったらN女史へ電話をする」というのが今回の決まりごとのようになっておりました。

いつでも電話をしてください、というN女史の言葉に甘えに甘えていたところ、N女史の体調が急に悪くなりました。さらに事務所の機器が故障、お守りとして安置していた護符が消失、偶然にも、そのような事態が立て続けに起こったそうです。

なんとなく、電話をするのを控えた方が良いような気がし、その旨をN女史に伝えると
「大丈夫です！　これまでも、もっとすごいことは何回もありました！」とのこと。

流石に、年間何十冊もの怪談本を手掛ける敏腕の編集者様です。そのバイタリティとポジティブな存在感に圧倒され、どうにもならないような状態だった私も、少しずつ持ち直して参りました。

毎回毎回、ポンコツの私を励まして下さり、粘り強く原稿を待って頂ける、そのような素晴らしい編集のN女史に、今回も大いに救われました。

これまでは、追伸、として謝辞を述べさせて頂いておりましたが、今回はそれでは気が済まないほど、お力添え頂きました、あとがき全てを使って、全力で感謝を申し上げます。

最後に、今回もお付き合い下さったご恩情深い読者の皆様、本当にありがとうございました。

良い春を迎えられますよう。

二〇一八年三月　小田イ輔

奇譚百物語　拾骨
丸山政也
賽の河原で怪異を拾い集め、
死の戒壇に供えよ！　怪異は不死。
命の恐怖となる―実話百物語。

闇塗怪談　戻レナイ恐怖
営業のK
YAHOO！　ニュースにもなった
金沢の塗料会社の怖すぎるブログ！
未発表の書き下ろしを詰め込んだ待望の第2弾！

実話怪談　怖気草
神沼三平太
死ぬ。消える。終わる。3択しかない恐怖。
シンプルに恐ろしい「超」ヘビー級怪談！

怪談社RECORD　黄之章
伊計翼
語るも聞くも心せよ！　CS放送エンタメ～テレ
「怪談のシーハナ聞かせてよ。」でおなじみ
「怪談社」新シリーズ！

拝み屋備忘録　怪談双子宿
郷内心瞳
時が過ぎ、処が変わっても、
今もここに居る怨念！
拝み屋に持ち込まれた戦慄の実話集！

都怪ノ奇録
黒木あるじ監修
鈴木呂亜／著
遂に目撃されたあの噂！
あなた方もやがて遭遇する怪異！
都市伝説は事実だった…闇の実話集！

「超」怖い話　戌
加藤　一　編著
喰らいつくせ。骨までしゃぶれ。これが実話の、
恐怖の味だ！　現実から削り取った唯一無二の
実話怪談、人気の干支シリーズ最新作！

怪談師 怖ろし話 裂け目語　城谷歩

生と死は怪異で繋がっている！
語ればあの世が現れる…。「怪談ライブバー
スリラーナイト六本木」の人気怪談師の恐怖実話！

恐怖実話 怪の手形　吉田悠軌

事故・事件の現場では残恨が呪う！
タブーに立ち向かう、
驚愕のドキュメント実話怪談！

恐怖箱 万霊塔　つくね乱蔵

その「実（はなし）」は毒。喰らう覚悟はあるか？
情念の指に、雑巾のごとく胸を絞られる快苦。
骨まで揺さぶる実話怪談！

恐怖箱 閉鎖怪談　加藤一／編著

そこに入ってはいけない…！　閉ざされた社会や、
逃げ場所のない空間で起きた恐怖ばかりを
集めた空恐ろしき実話怪奇譚。

実話怪事記 腐れ魂　真白圭

恨みを詰め込んだ実話！　屍臭が充満する怪談！
日常世界が少しずつ腐り落ちる…
怨念を貪る恐怖譚！

怪談五色 死相　平山夢明、岩井志麻子、福澤徹三、小田イ輔、我妻俊樹

驚天！　恐怖にひれ伏す、超最凶執筆陣の
ハルマゲドン実話怪談集！　巨匠に実力者が挑む
恐怖コロシアム！

怪談標本箱 生霊ノ左　戸神重明

類を見ぬ怪。忘却を許されぬモノ。
体験者の心に深く刺しとめられた、恐怖の封印怪談！
衝撃のソロデビューより2年、待望の第2弾！

怪談奇聞 祟リ喰イ

2018年4月5日　初版第1刷発行

著者　小田イ輔
デザイン　橋元浩明(sowhat.Inc.)
企画・編集　中西如(Studio DARA)
発行人　後藤明信
発行所　株式会社 竹書房
〒102-0072 東京都千代田区飯田橋2-7-3
電話03(3264)1576(代表)
電話03(3234)6208(編集)
http://www.takeshobo.co.jp
印刷所　中央精版印刷株式会社

定価はカバーに表示しています。
落丁・乱丁本の場合は竹書房までお問い合わせください。

ISBN978-4-8019-1411-7 C0176